그래서 어디를 살까요

알면
돈 되는
신나는 부동산
잡학사전

그래서
어디를
살까요

빠숑 · 서울휘 · 아임해피 지음

다산
북스

행복한 부동산 라이프 함께할까요?
ㅡ 빠숑(김학렬)

"〈부동산 클라우드〉 같은 양질의 콘텐츠를 왜 무료로 제공하세요?"

많은 분이 이런 질문을 합니다. 저는 1초도 망설이지 않고 대답합니다.

"재미있으니까요! 지금 안 하면 언제 하겠어요!"

빠숑도, 서울휘도, 아임해피도 지금이 가장 좋은 타이밍이라고 생각했습니다. 지금 이 순간은 두 번 다시 오지 않을 테니까요. 거짓말하나도 보태지 않고 자신 있게 말씀드립니다. 100회 이상 방송을 진행하면서 단 한 번도 재미없었던 적이 없습니다. 만약 〈부동산 클라우드〉를 언제까지 할 거냐고 물으신다면, 진행하는 게 재미있는 한계속할 거라고 대답할 겁니다. 세 MC가 행복하게 진행하기에 방송도 사랑받는 것이지요. MC가 신이 나니 청취자도 함께 즐거울 수 있는 겁니다. 행복한 부동산 방송을 만들겠다는 기획의도는 제대로 적중한 듯합니다.

많은 이가 투자하고 싶은 곳은 너무 비싸서 결국 투자하지 못한다는 얘기를 합니다. 하지만 투자자가 많이 몰리는 지역에만 관심을 둘 필요는 없습니다. 부동산 투자 선수처럼 지역별로, 상품별로, 가격별로 미묘한 차이를 느끼고 활용할 수 없다면 투자자들끼리 경쟁하는 시장은 그들에게 맡기세요. 대신 중장기적으로 바라본 후 리스크가 낮고 확률이 높은 투자를 하세요!

아무리 불황장이라도, 아무리 입지가 좋지 않더라도, 아무리 상품이 좋지 않더라도, 아무리 가격이 싸더라도 또는 너무 비싸더라도, 수익을 낼 수 있는 방법은 항상 존재합니다. 하지만 투자 고수가 아니라면 일반적이지 않은 방법으로 수익내기는 어렵습니다. 그래서 부동산 공부를 하는 것이겠지요. 하지만 아무리 공부를 해도 잘 모르겠다는 사람이 꽤 많습니다. 그래서 결국은 부동산 전문가에게 찍어주기를 요청하고, 찍어주는 대로 투자하게 됩니다. 시장이 좋았던 최근 3~5년 동안은 그렇게 해도 대부분 수익이 났을 겁니다. 하지만, 시장이 늘 좋기만 한 것은 아니죠. 불확실한 시장에서 성공하려면 결국 스스로 부동산 보는 눈을 키울 수밖에 없습니다.

제가 '빠숑의 세상 답사기' 블로그에 아침마다 칼럼을 쓰고, 매주 〈부동산 클라우드〉 팟캐스트를 진행하고, 강의를 하고, 책을 출간하는 가장 큰 이유는 불확실한 시장에서 여러분에게 조금이라도 도움을 주려는 마음 때문입니다. 칼럼을 쓴다고, 팟캐스트 방송을 한다고 돈이 들어오지는 않습니다. 강의나 책 판매 수익으로 생계를 유지하는 사람도 아니고요. 저는 그냥 이런 활동이 좋을 뿐입니다. 진짜 재미있어서 하는 여러 가지 일 중 하나일 뿐이죠. 그래서 조급할 것도 없고, 남 눈치를 볼 것도 없습니다. 하고 싶으면 하고, 하고 싶지 않으면 안 하면 됩니다.

부동산에 초점을 맞추고 생활을 하다 보면 생활 속에서 여러 가지 부동산 정보를 포착하게 됩니다. 그 이야기를 〈부동산 클라우드〉를 통해서 전달하는 것이고요. 가끔 팟캐스트 방송을 듣고 나서 '다 아는 얘기인데, 특별할 것 없는 방송을 왜 하냐'는 피드백을 주는 분도 있습니다. 이 말도 맞습니다. 누구나 알 만한 이야기를 하는 것이죠. 그런데 그게 바로 〈부동산 클라우드〉의 경쟁력입니다. 부동산 투자 선수라면 굳이 이 방송을 들을 필요가 없습니다. 다 아는 내용일 테니까요.

부동산 시장 전체 구성원을 나눠볼까요? 일단 반 이상의 구성원은 부동산에 관심이 없습니다. 나머지에서 절반은 관심이 있어도 부동산 투자를 할 수 없는 환경입니다. 그 나머지에서 또 절반은 부동산 투자를 하지 않습니다. 결론적으로 부동산 투자층이라고 할 수 있는 구성원은 12.5% 밖에 되지 않습니다. 심지어는 그 부동산 투자층 중에서도 대부분은 보편적인 투자를 합니다. 결국 부동산 투자

선수라고 할 수 있는 구성원은 1%도 되지 않지요.

〈부동산 클라우드〉는 1%를 위한 방송이 아닙니다. 그렇게 할 필요도 없고, 한다고 해도 대부분 방송을 듣지 않을 겁니다. 부동산에 관심이 있지만 어떻게 투자해야 할지 모르는 99%의 사람들이 방송을 듣고 최소한 손해는 보지 않았으면 좋겠습니다. 그저 재미있게 들으며 조금씩 부동산과 친해지면 됩니다. 꾸준히 관심을 갖는다면 분명 부동산과 좋은 친구가 될 수 있습니다. 이것이 빠숑, 서울휘, 아임해피가 매주 방송을 진행하고 있는 이유이고, 또 이 책을 집필한 이유입니다.

"자, 오늘도 행복한 부동산 라이프를 시작하실 준비되셨나요?"

이제 〈부동산 클라우드〉를 책으로 만나보려 합니다. 이 책이 세상 모든 부동산 궁금증에 답을 줄 순 없습니다. 하지만 함께 고민하며 조금이라도 도움이 될 만한 정보를 제공하겠습니다. 빠숑, 서울휘, 아임해피로 부족할 수 있으니, 더 적절한 답을 해줄 전문가의 이야기도 함께 담았습니다. 그렇게 함께 가시죠. 그럼,『그래서 어디를 살까요』지금부터 시작합니다!

차
례

1장 다 함께 외쳐볼까요? 입지, 입지, 입지!

2장 부동산 투자, 쉽게! 재미있게! 자신있게!

3장 여전히 좋은 호재가 많은 한강 남쪽
-강남구, 강동구, 강서구, 관악구, 구로구, 금천구, 동작구

6장 부동산 고수들과 한 걸음 더 들어갑니다

다 함께 외쳐볼까요?
입지, 입지, 입지!

집값이 떨어지면 사겠다고요?

우리나라의 주택보급률(전국 기준)은 2008년부터 100%를 넘겨 2016년에는 102~104%에 이르렀습니다. 그런데도 무주택자 비율은 아직 45%나 되지요. 물론 주택을 구매할 여력이 안 되는 사람도 있겠지만, 주택을 구매할 수 있어도 망설이거나, 관심이 없거나, 절대 사지 않겠다고 다짐하는 사람도 많습니다. 우리 주변에도 아내는 집을 사고 싶어 하는데, 남편은 사기 싫어하는 경우를 종종 볼 수 있지요. 과연 이 아내는 남편을 설득할 수 있을까요?

아무래도 이런 경우에는 투자 측면보다는 실거주 측면에서 얘기를 풀어가야 합니다. 주변을 보면 집을 사지 않겠다고 버티다가도 결국 2년마다 계속 이사를 해야 하는 불편함과 귀찮음 때문에 집을

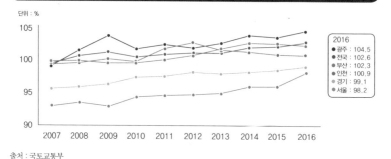

사는 사람이 많습니다. 내 의지가 아닌 타인 때문에 집을 옮겨야 한다는 건 결코 유쾌하지 않은 일이니까요. 특히 부부만 살 때는 괜찮지만 아이가 태어나면 정착에 대한 욕구가 커지며 안정적인 보금자리를 원하게 됩니다.

그럼에도 끝까지 집을 사지 않는 사람도 많지요. 그들은 지금 집 값이 너무 비싸고, 앞으로는 가격이 내려갈 일만 남았다고 생각해 집을 사지 않는다고 말합니다. 집값 거품론부터 인구 소멸론까지 이유는 다양합니다. 하지만 이런 생각을 해보진 않았나요? 당장 집을 사지 않더라도 거주할 집은 있어야 하므로 나에게 임대를 할 집주인의 존재는 필요하다는 것 말입니다. 어차피 내가 살 집 한 채는 무조건 있어야 한다는 얘기도 그래서 나오는 것이겠지요.

그러니 다주택자가 집을 팔거나 더 이상 집을 사지 않는 것과는 다르게 무주택자가 집을 사지 않겠다고 버티는 건 그리 현명한 판단이 아닙니다. 무엇보다 본인의 주관 없이 외부 요인, 특히 세상에 아무렇게나 떠도는 말에 영향을 받아 이리저리 흔들리는 건 정말 안타까운 일이지요. 실거주 측면에서만 봐도 임대보다 자가로 사는 것이 훨씬 더 유리하다는 게 분명한 사실이니까요.

집을 산 후 집값이 내려가는 것도 리스크지만 전세 임대에도 리스크는 있습니다. 2년마다 전세금이 급등하여 전세금을 마련하지 못하거나, 집주인이 바뀌어 본인이 들어오려 하는 등의 이유로 원치 않은 이사를 해야 하는 때가 있습니다. 또 역전세난 등 다른 외부적 요인으로 전세금을 제때 돌려받지 못하기도 합니다. 갑자기 어떤 위험 요인이 나타나 우리의 삶을 괴롭힐지 예측할 수 없습니다.

그러므로 집을 살 여력이 있다면 무조건 사는 것이 좋고, 좀 버겁더라도 대출의 도움을 받아 사는 것이 좋습니다. 집값이 내려가는 게 너무 두렵다면, 집값이 내려가지 않을 곳을 선택하면 됩니다.

결국은 입지다

집을 사는 여러 조건 중 가장 중요한 것은 역시 직장과의 거리입니다. 아무리 살고 싶더라도 직장과 너무 먼 곳이면 살기 어렵습니다. 그래서 보통 직장이 많이 모여 있는 곳, 그리고 그런 장소와 가까운 곳, 혹은 그런 장소에 접근하기 좋은 교통이 있는 곳 집값이 비쌉니다. 그리고 경제적 여유에 따라 통근 거리를 선택하게 되겠지요. 여유가 있을수록 직장과 가까운 곳에 살 확률이 높고, 여유가 없을수록 직장과 먼 곳에 살 확률이 높을 겁니다.

어디를 선택하느냐는 정답이 없는 문제입니다. 하지만 이왕 집을 살 거면, 그것도 하나만 살 거면 비싸더라도 입지가 좋은 곳을 사야 합니다. 무리가 되더라도 시간이 보상해줄 거라 굳게 믿어야 합니다. 물론 지금은 입지가 좋지 않더라도 앞으로 좋아질 곳을 찾는 게 더 현명한 방법입니다. 이런 전략을 취하려면 공부도 많이 해야 하고, 인내심도 있어야 하겠지만 말입니다.

예를 들어 새로운 지하철이 뚫리고 새로운 역이 생기는 건 가장 보편적이면서도 중요한 교통 호재일 텐데, 계획이 있더라도 예비타당성 통과부터 완공까지 걸리는 기간은 언제든 무한정 길어질 수 있습니다. 조금만 조사해봐도 그런 경우가 비일비재하게 발생한다는 걸 알 수 있습니다. 모든 게 시간문제라 하더라도 바로 그 시간문제를 견디지 못하는 사람이 생각보다 많습니다. 하지만 경제력이 충분하지 않다면, 앞으로 좋아질 입지를 미리 확보하는 게 가장 현명한 방법입니다.

경매로 집을 사는 것도 방법이 될 수 있습니다. 많은 준비를 해야 하고 귀찮은 일이 기다리고 있겠지만, 시세보다 싸게 사는 것만큼 좋은 매수법은 없으니, 경매로 입지가 좋아질 집을 사는 건 더 좋은 방법이겠지요. 이것저것 어렵게 생각할 필요 없이, 항상 미래를 염두에 두고 입지를 고르면 됩니다.

주변 사람 중 하나가 용인에 아파트를 한 채 사놓고 4년 동안 미국에서 주재원으로 근무했습니다. 4년 만에 돌아왔는데, 아파트 가격은 하나도 오르지 않았지요. 그럼에도 그는 당장 돌아와 지낼 곳이 있다는 사실 때문에 심리적으로 엄청난 안정감을 느꼈고, 그것만으로도 만족했습니다. 실제로 거주한다면 집값은 굳이 안 올라도 상관없는 것입니다. 노후까지 생각한다면 집은 더 필요하지요. 내 집한 채만 있으면 다른 준비를 하지 않았더라도 주택연금 같은 걸 이용해 생활을 꾸려갈 수 있습니다.

그렇다면 대출은 어느 정도까지 해도 괜찮은 걸까요. 사람마다 천차만별이겠지만, 맞벌이 가구 기준으로 한 사람의 월급을 매달 원리금을 갚는 데 써도 생활에 지장이 없는 정도면 괜찮다고 생각합니다. 얼마까지 대출할 수 있는지 알 수 있고, 거기에 본인의 자산을 더하면 대략적인 예산이 나올 겁니다. 그 예산 내에서 가장 좋은 입지, 혹은 앞으로 좋아질 입지를 찾아내는 게 중요한 일이겠지요.

무주택자라면 새 아파트를 구매하라

요즘 새 아파트 전세가가 오래된 아파트 매매가를 넘어설 정도로 실거주자에게 새 아파트가 폭발적으로 인기입니다. 사실 새 집을 선호했던 건 과거에도 마찬가지였는데, 투자자들이 그 사실을 인정하고 싶지 않아 했던 것 같습니다. 그러다 최근 갭 투자의 약발이 떨어지다 보니 그런 얘기가 더 자주 들려오는 것이죠. 원래 새 아파트는 인기가 좋았고, 매매가 상승률도 항상 높습니다.

그러므로 집 한 채만 구입할 무주택자라면 새 아파트를 구매하는 게 낫습니다. 실거주할 때도 오래된 아파트보다 누릴 수 있는 혜택이 많고, 자산가치를 지키는 차원에서도 훨씬 더 유리합니다. 최근 서울에서 아파트 매매가 상승률이 높은 지역만 봐도, 결국 새 아파트가 앞에서 시세 상승을 이끌고 있습니다. 통계를 내봐도 입주 5년 이내의 아파트가 상승폭이 높습니다. 게다가 한번 새 아파트에 살아보면 다음에도 무조건 새 아파트로 이사합니다. 새 아파트의 맛을 봤기 때문에 다시 오래된 아파트로 가기 힘들어지는 것이죠.

물론 입지 분석도 하지 않고 새 아파트면 무조건 사라는 말은 아닙니다. 입지 분석은 기본 중의 기본입니다. 문제는 현재 입지가 좋은 지역의 새 아파트는 엄청나게 비싸다는 것이겠지요. 여력이 있다면 그런 집을 사는 게 더 좋겠지만, 여력이 되지 않는다면, 앞서 말씀드린 바와 같이 앞으로 좋아질 입지의 새 아파트를 선택하는 게 현명한 판단이 될 겁니다. 아니면 주변에 온통 오래된 아파트뿐이라 새 아파트가 들어서는 것만으로도 수요를 만들 수 있는 지역이라면, 입지가 조금 떨어지더라도 괜찮습니다.

현실적으로 이런 조언도 가능하겠지요. 새 아파트 입주 초기에는 갑자기 쏟아진 물량 때문에 집주인이 세입자를 구하기 쉽지 않습니다. 그래서 전세와 월세가 모두 아주 싼 편인데, 이런 새 아파트에 전세로 살다가 2년 후 또 다른 새 아파트에 전세로 들어가는 것입니다. 이런 식으로 전월세를 옮겨 다니는 사람을 '메뚜기족'이라 부르는데, 아이가 없는 부부 중 이런 경우가 꽤 많습니다. 제일 좋은 건 그렇게 옮겨 다니다가 정말 마음에 들고, 내가 살고 싶은 곳에 정착하는 것이지요. 지역 파악도 제대로 됐고, 다른 지역과 비교도 충분히 해봤으니 그만큼 좋은 선택을 할 가능성도 커집니다.

 집 살 여력이 있다면 사야 합니다. 대출도 어느 정도는 필요합니다.

 직장과 가까운 입지를 1순위로 고려하세요.

 당장은 아니더라도 2~4년 뒤에 들어갈 집을 미리 마련하는 것도 방법입니다.

절대 팔지 않을 입지에 투자하세요

작은 정보 하나도 귀한 시절이 있었습니다. 하지만 요즘은 누구나 쉽게 각종 정보를 접할 수 있지요. 과거에는 정보가 귀해 무엇이 호가고, 무엇이 실거래가고, 무엇이 시세인지 구분하기 어려웠습니다. 그래서 정확한 시세도 알지 못한 채 매도자의 호가에 휘둘려 비싸게 집을 사는 경우가 허다했지요.

하지만 이제 터무니없이 싸거나 비싸게 거래되는 경우는 거의 없습니다. 투자 방식이 완전히 달라진 것이지요. 결국 가장 중요한 원칙은 점점 가치가 올라가는 곳에 투자해야 한다는 것입니다. 장기적으로 접근하는 것이 투자에 성공할 가능성도 훨씬 더 큽니다.

부동산 시장을 보는 눈은 저마다 달라서 지금이 가장 싼 때라고 생각하는 사람도 있고, 가장 비쌀 때라고 생각하는 사람도 있습니다. 하지만 그걸 맞히는 건 인간 영역 밖의 일이지요. 현명한 투자자라면 접근을 달리해야 합니다. 이런 맥락에서 YG엔터테인먼트 양현석 대표의 말은 의미가 있습니다.

"나는 팔지 않을 곳에 투자한다."

실제로 부동산 투자를 하다 보면 아까워서 도저히 팔 수 없는 입지가 있습니다. 그런 곳은 타이밍을 이리 재고 저리 잴 필요조차 없습니다. 과연 어떤 곳들이 그런 입지일까요?

땅의 가치를 먼저 보라

아까워서 도저히 팔 수 없는 입지로 가장 쉽게 떠오르는 곳이 서울 역세권 아파트입니다. 주식으로 비유하면 대박이 나지는 않더라도 적어도 망할 리는 없는 튼튼한 회사의 주식입니다. 모든 부동산은 결국 땅으로 귀결됩니다. 진짜 토지가 아닌 아파트라 할지라도 땅의 가치에 따라 상품의 운명이 바뀔 수 있습니다. 땅 가격이 내려가지 않는 입지를 선택하는 게 그래서 중요합니다.

그리고 처음부터 팔지 않을 집과 추후 수익이 나면 팔 집을 구분해서 접근해야 합니다. 오래 보유할 집이라면 주택임대사업자 등록을 하는 게 좋습니다. 그러면 각종 세금 혜택을 받을 수 있으니까요.

그리고 20년 이상을 보고 투자한다면 준공공임대사업자로 등록하는 게 좋습니다. 8년 이상 임대를 해야 하고 임대료 상승률을 연 5%로 제한해야 하는 의무가 있지만, 각종 세금 혜택을 받고 건강보험료 감면 효과도 있어서 다주택자에겐 큰 이익입니다. 이런 집은 계속 전세로 하기보다는 반전세를 하다가 추후에 월세로 전환을 하는 게 좋습니다. 아파트가 오래되면 전세가가 내려가기 때문입니다. 요즘처럼 혼란스러운 시기일수록 장기적인 관점이 필요합니다. 만약 입지는 떨어지지만 새 아파트의 장점을 믿고 투자한 경우라면, 매도 계획을 처음부터 전략적으로 잘 세우는 게 좋습니다.

어떻게 보면 지금은 부동산 공부하기 딱 좋은 시기입니다. 부동산 투자는 물론이고, 관심 분야를 정해 깊이 있는 공부를 하면 언젠가 투자하기 더 좋은 시기가 왔을 때 더 큰 빛을 발할 거라 확신합니다.

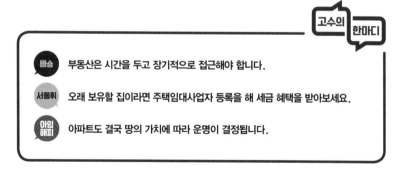

고수의 한마디

빠송 부동산은 시간을 두고 장기적으로 접근해야 합니다.

서울휘 오래 보유할 집이라면 주택임대사업자 등록을 해 세금 혜택을 받아보세요.

아임해피 아파트도 결국 땅의 가치에 따라 운명이 결정됩니다.

미분양 단지에도 기회는 있습니다

2016년은 분양 시장이 뜨거웠습니다. 모든 투자자가 분양 시장에 몰려 있었다고 해도 과장이 아닐 정도였지요. 그러던 분위기가 급변한 건 11·3 대책 이후였습니다. 11·3 대책 이후 투자자가 시장에서 대거 빠졌고, 자연스럽게 미분양 단지가 늘어났습니다.

분위기가 좋아지자 건설사가 밀어내기 분양을 했다고 볼 수도 있겠지만, 사실 단기간에 분양이 몰렸다고 보기는 어렵습니다. 분양 시기를 조정하는 건 언제든 있을 수 있는 일이고, 오히려 시장이 좋아지자 분양가를 올리기 위해 저울질을 하다 분양 시기를 놓친 곳도 있다고 합니다.

같은 지역 내 다른 움직임

현재 미분양 단지가 가장 많은 곳은 경기도 화성시입니다. 이곳은 땅이 넓다 보니 택지개발지구도 많고, 나홀로 단지도 많습니다. 서울과 멀지 않으면서도 땅값이 비싸지 않기 때문에 택지개발을 하는 입장에서도 부담이 적었지요. 그러니 공급이 많아졌고, 미분양도 많았습니다. 2000년대 중반에 미분양 물량이 확 줄어드나 싶었는데, 최근 다시 늘어나기 시작했습니다. 그런데 늘어난 공급에 비해 계획되어 있던 호재는 진행이 안 되거나 더딘 게 많습니다. 물론 SRT와 GTX 동탄역 역세권 아파트를 비롯하여 확실한 호재가 있는 단지들은 매매가가 굉장히 많이 올랐습니다. 같은 지역 내에서도 다른 움직임이 나타나고 있는 것이죠.

조심해야 할 미분양 단지와 미래가 밝은 미분양 단지

어쨌건 미분양 단지를 볼 때 가장 중요한 것은 미분양이 난 원인을 제대로 분석하는 것입니다. 이유는 크게 세 가지로 구분됩니다. 첫째, 입지가 안 좋아서, 둘째, 가격이 비싸서, 셋째, 물량이 갑자기 쏟아져서.

　물량이 몰려서 미분양이 난 거라면 시간이 해결해줄 수 있습니다.

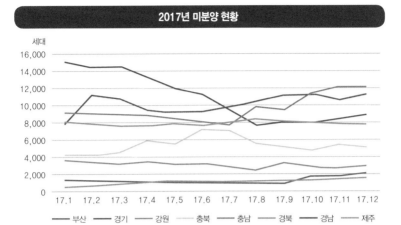

2017년 미분양 현황

세대

16,000
14,000
12,000
10,000
8,000
6,000
4,000
2,000
0

17.1 17.2 17.3 17.4 17.5 17.6 17.7 17.8 17.9 17.10 17.11 17.12

── 부산 ── 경기 ── 강원 ── 충북 ── 충남 ── 경북 ── 경남 ── 제주

하지만 입지가 좋지 않아서였다면 시간이 지나도 해결되기 어렵습니다. 사실 최근에는 분양가상한제라는 게 있어 가격이 터무니없이 높은 경우는 별로 없습니다. 결국 문제는 입지인 경우가 태반이죠. 그래서 수요가 많지 않은 어떤 지역에서는 가격이 비정상적으로 싸도 미분양이 납니다.

또 하나 구분해야 할 것은 일반 미분양과 준공 후 미분양입니다. 사실 전자는 그리 걱정할 게 아닙니다. 예를 들어 서울 금천구 독산동 롯데캐슬골드파크 3차는 분양가가 주변 다른 아파트 단지보다 매우 비싸 분양 당시에는 미분양이 되었지만, 금세 미분양 물량을 소화했고, 어느 순간 프리미엄이 1억 넘게 붙었습니다.

진짜 조심해야 할 것은 준공 후 미분양 단지인 거죠. 특히 미분양이 잘 생기지 않는 시장 상황에서도 미분양이 나온다면 그 지역이나 단지는 확실히 문제가 있다고 판단해야 합니다. 시간이 흘러도 해결이 안 될 가능성이 굉장히 높습니다. 하지만 입지가 좋은데도 가격 때문에, 혹은 입주 물량이 많아서 미분양이 난 거라면 적극적으로 매수를 검토하는 게 좋습니다. 가격이 비싼 게 오히려 더 안전할 수 있다는 사실을 기억해야 합니다.

실거주를 할 때도 입지 분석은 마찬가지로 중요합니다. 교통, 상권, 환경, 교육 등 주요 요소를 고려해 실거주할 가치가 있다면 미분양이 나더라도 매수해도 괜찮습니다. 단기간에 팔 것이 아니라 직접 들어가서 살 목적이기 때문에 당장의 미분양에 마음 졸일 필요 없습니다.

한때 미분양의 무덤이라고까지 불렸던 김포를 볼까요? 2015년 이후부터 빠르게 미분양 물량이 해소되었습니다. 단순히 미분양 물량만 해소된 게 아니라 매매가도 가파르게 상승했습니다. 여러 이유가 있겠지만, 군이 하나만 꼽자면 2018년 11월 개통 예정인 김포도시철도의 덕이 컸습니다. 서울 접근성이 크게 개선될 게 분명하기 때문이지요.

이렇게 미분양이 많이 생기며 미운 오리 새끼 취급을 받던 단지가 오래지 않아 화려한 백조로 변신하며 랜드마크가 된 사례는 매우 많습니다. 심지어 도곡동 타워팰리스도 미분양 단지였습니다. 비싼 가격과 낯선 스타일 때문에 미분양이 됐고 삼성 그룹 간부들이 울며 겨자 먹기로 분양 받았다고 하는데, 결국 그들은 많은 이득을 보게 됐습니다. 평촌더샵센트럴시티도 비슷한 경우입니다. 당시 시장 상황이 좋지 않아 미분양이 난 경우여서, 시장 상황이 회복되자 모든 문제가 말끔히 사라졌습니다. 오래된 아파트가 많은 평촌이었으니 새 아파트에 대한 수요는 더 컸습니다. 부동산 시장이 좋지 않았을 때 분양을 했던 고양시 삼송지구도 당시에는 미분양 단지가 즐비했는데, 지금은 매매가가 엄청나게 올랐습니다.

미분양 단지라고 하면 꺼려지는 게 사실이지만 그런 심리를 극복해야 기회를 발견할 수 있습니다. 입지 공부만 착실히 해둔다면 더욱 쉽게 심리적 거부감을 극복하고 미래를 위한 판단을 할 수 있습니다. 백조가 될 만한 미분양 단지를 미리 알 수 있는 안목을 키우는 것이죠. 특히 시장 상황이 어려울 때는 입지가 굉장히 좋아도 미분양이 나는 단지가 있을 수 있으니 시장의 위기를 기회로 활용하는 지혜가 더욱 필요합니다.

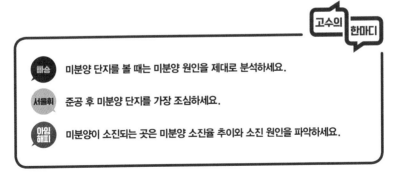

고수의 한마디

- **빠숑** 미분양 단지를 볼 때는 미분양 원인을 제대로 분석하세요.
- **서를휘** 준공 후 미분양 단지를 가장 조심하세요.
- **아임 해피** 미분양이 소진되는 곳은 미분양 소진율 추이와 소진 원인을 파악하세요.

위기가 오면 어떻게 대처해야 하나요

국내 부동산 시장에는 두 번의 큰 위기가 있었습니다. 아니, 부동산 시장뿐만 아니라 국가 경제 전체의 위기였지요. 바로 1997년 IMF 외환위기와 2008년 글로벌 금융위기입니다. 이 두 시기에 미분양이 폭발적으로 늘었고, 서울과 수도권을 중심으로 매매가도 대폭 하락했습니다.

사실 IMF는 우리 사회 전체에 엄청난 영향을 준 대형 사건입니다. 정규직, 비정규직의 구분도 이때 처음 생겼고, 계층 간 양극화가 본격적으로 시작된 것도 이때부터였습니다. 사람들이 부동산을 바라보는 관점도 완전히 바뀌었습니다. 그 전까지는 부동산은 사면 무조건 오른다는 인식이 많았는데, IMF 이후 부동산도 폭락할 수 있다는 것을 깨달은 거죠. 물론 현명한 투자자들은 위기를 위기로만 받아들이지 않고, 저가 매수의 기회로 활용하기도 했습니다. 이 시기에 과감하게 투자한 사람들이 얼마나 고수익을 올렸는지는 굳이 따로 설명할 필요가 없겠지요.

2008년 글로벌 금융위기 때도 상황은 비슷했지만, 아니 전 세계적으로 보면 훨씬 더 큰 위기였지만, 한국인이 체감한 건 IMF 때가 더 심각했습니다. 원래 뭐든 처음이 더 힘든 법이지요. 당해본 사람은 알겠지만, 위기 때 가장 무서운 건 갑자기 돌변하는 은행의 태도입니다. 대출 연장 같은 게 불가능하니까요. 평소 같으면 문제없이 진행할 수 있던 대출도 다 막혀버리니, 자금 유동에 엄청난 문제가 생깁니다.

위기가 기회다

우리가 경험한 두 번의 위기 덕분에 정부도 개인도 경각심을 갖게 되었습니다. 정부가 대출 규제를 하는 것도 그런 이유에서죠. 버블이 쌓이지 않도록 부동산 시장 관리를 잘 해야 또 다른 위기가 와도 피해를 최소화할 수 있다는 사실을 절실히 알고 있는 것이지요. 개인이 무리한 투자를 자제하는 것도 같은 이유에서 하는 행동입니다.

또 하나 얻을 수 있었던 중요한 교훈은 위기가 곧 기회라는 사실입니다. 결국 입지가 좋은 곳은 시간이 지나면 회복이 된다는 걸 확인했으니까요. 2008년 글로벌 금융위기 이후 지방 부동산이 움직이기 시작하는데, 투자자들이 서울 등 수도권의 부동산이 너무 비싸다고 생각한 탓이었습니다. 그런 분위기 때문인지 서울 등 수도권은 3~4년간 침체기를 겪습니다. 하지만 서울에서 기회를 본 사람들은 침체기 끝에 지금 엄청난 이익을 얻었습니다.

결국 중요한 건 분위기에 휩쓸리지 않는 것이지요. 계속 더 오를 거란 기대 심리로 무리한 투자를 하는 것도 문제지만, 계속 더 떨어질 것 같은 불안 심리에 마구잡이로 흔들리는 것도 문제입니다. 시장이 탐욕에 젖어 있을 때 위기를 대비하고, 시장이 공포에 질려 있을 때 기회를 발견하는 지혜가 필요합니다.

위기에 대처하는 현명한 자세

그렇다면 위기의 징후가 오면 어떻게 대응하는 것이 현명한 걸까요? 우선 산업단지 투자는 각별히 더 주의해야 합니다. 부동산 투자에서 직주근접(직장과 주거지의 거리가 가까움)은 중요한 명제이고 그래서 지방산업단지 인근 택지지구 투자 역시 각광을 받고 있지만, 위기가 왔을 때 더 큰 위험에 처할 가능성이 높습니다. 경제위기나 금융위기가 오면 부동산만 위기에 빠지는 게 아니라 산업 전체가 위기에 빠지기 때문이죠. 그리고 업종에 따라서는 위기가 끝난 후에도 회복할 수 없는 산업도 있습니다.

예를 들어 조선 업종이 먹여 살렸던 몇몇 도시들은 이미 직격탄을 맞았습니다. 다른 제조업 분야도 항상 예의주시하고 있어야겠지요. 중국이 따라잡고 있는 분야가 점점 많아지고 있는 만큼 경쟁력을 상실하는 순간, 그 산업을 기반으로 하는 도시 역시 황폐화할 가능성이 높습니다. 그리고 부동산 시장에 거품이 어느 정도 끼어 있는지를 판단할 수 있는 안목이 필요합니다. 당연히 누구나 쉽게 알 수 있는 것이 아니므로 꾸준히 공부해야 하지요. 거품이 걷힌 실체를 볼 줄 알면 위기가 와도 불안에 떨지 않을 수 있습니다.

이미 우리에게는 1997년과 2008년의 경험이 있으므로 참고할 만한 사례가 제법 많습니다. 당시 어떤 지역이 가장 많이 떨어졌는지 확인하는 것도 중요하지만, 위기 이후 어떤 지역 회복이 늦고 빨랐는지를 확인하는 것도 중요합니다. 그렇게 된 이유까지 구체적으로 파악해야 진정한 공부가 됩니다.

버블이냐 아니냐를 판단하는 중요한 기준 중 하나는 투기 수요가 빠져도 버틸 수 있는 실수요의 크기입니다. 결국 입지가 가장 중요하다는 얘기지요. 일자리, 교통, 학군, 상권, 환경 등을 객관적으로 평가하여 지금의 매매가가 합당한지 판단할 나름의 기준을 세워야 합니다. 전세가율의 변화나 인구 이동 현황 등 객관적인 지표를 참고할 수도 있습니다. 입지가 애매한데 불명확한 호재 몇 개만 믿고 투기 수요가 몰린 지역이라면 각별히 주의해야 합니다.

무엇보다 마음을 다스리는 것이 가장 중요합니다. 하지만 이건 단순히 정신 승리로 할 수 있는 게 아닙니다. 무리하게 대출을 끌어 쓴 사람이 과연 위기가 왔을 때 마음을 잘 다스릴 수 있을까요? 그러니 위기가 오더라도 마음을 잘 다스릴 수 있도록 평소에 준비해야 합니다. 양적인 투자를 하며 욕심을 부리기보다 질적인 투자로 전환할 수도 있습니다. 좀 더 안전하고 확실한 투자를 위한 최고의 방법은 똘똘한 한 채, 혹은 두 채 전략일 겁니다.

위기가 오지 않을 것이라 안일하게 생각하는 것이 진짜 위기입니다. 꾸준히 공부하여 정확한 가치를 평가할 수 있는 안목을 기르고 상황에 맞게 포트폴리오 조정을 해나간다면, 위기 상황에서도 마음을 다스려 위기를 새로운 기회로 활용할 수 있을 것입니다.

 시장이 공포에 질려 있을 때 기회를 발견하는 지혜를 갖춰야 합니다.

 산업단지 투자는 특히 더 주의해야 합니다.

 위기가 닥치기 전에 근육을 미리 단련한다는 마음으로 공부하는 자세가 필요합니다.

내 삶을 주도하는
행복한 전업 투자자가 되려면?

불과 3~4년 전만 해도 자신이 전업 투자자라는 걸 자랑스럽게 말하는 사람이 많았는데, 지금은 잘 보이지 않습니다. 전업 투자만 하기에는 시간이 너무 많이 남고, 기초 자금이 충분히 있어 전업 투자에 나서더라도 소득이 불규칙하기 때문에 자금 회전에 어려움을 겪는 문제도 있습니다. 월급처럼 정기적으로 돈이 나올 수 있는 구조는 월세인데, 월세를 안정적으로 받는다는 게 말처럼 쉬운 일이 아닙니다. 상가, 건물, 주택 등에서 매월 돈을 받는 시스템을 만들기까지는 몇 년의 시간이 걸립니다. 시스템을 잘 만들었다 하더라도 그것을 지속하는 과제가 남아 있지요. 들어가는 비용은 계속 더 많아질 뿐, 결코 줄어들지는 않습니다.

최근 몇 년 동안 유행한 갭 투자도 한계에 봉착한 느낌입니다. 매매가와 전세가 차이가 적게 나는 시장에서는 소액으로도 아파트를 매매할 수 있고, 전세가가 계속 오르니 올려 받은 전세금으로 또 다른 아파트에 갭 투자할 수도 있었습니다. 그러니 갭 투자를 전업 투자의 차원에서 공격적으로 접근한 사람이 많았는데, 문제는 그런 시장 분위기가 오래가지 않는다는 것이지요.

불안이라는 적

가장 큰 적은 불안입니다. 몇 개월 동안 특별히 하는 일 없이 시세만 들여다보고 있으면 심리적으로 불안할 수밖에 없습니다. 전세가가 생각만큼 오르지 않거나 주변 입주 물량의 영향 등으로 하락하려는 기미가 보이면 심리적 압박은 더 커집니다. 불안감이 커지면 뚜렷한 주관 없이 호재만 찾게 되고 일확천금만 노리게 됩니다. 성급한 판단을 할 가능성이 높아지지요. 전업 투자를 너무 쉽게 생각한 탓입니다.

특히 갭 투자는 정말 쉬워 보입니다. 전세가율만 보고 투자해도 될 것 같고, 주변에도 그렇게 돈 버는 사람이 많으니 특별한 공부 없이, 그저 따라 하면 될 것 같지요. 하지만 쉬워 보일수록 더 철저히 공부하고 준비해야 합니다. 단순히 직장 생활이 힘들고, 전업 투자의 길이 쉬워 보여 선택한 거라면 그 생각을 완전히 뜯어고쳐야 합니다. 그동안 내 업에 투자한 시간과 노력만큼이나 부동산 투자에 대해서도 시간과 노력을 투자해야 합니다. 정말 전업 투자에 대한 뜻이 있다면 회사에 다니는 동안 철저히 사전 준비를 해야 합니다.

한편 전업주부 중에서도 전업 투자자가 되려는 경우가 많은데, 두 정체성 사이에서 혼란을 겪는 경우가 많습니다. 그런데 마음과 생활 방식 모두 전업 투자자로 변신하지 않고서는 좋은 성과를 내기 어렵습니다. 주먹구구로 접근하기보다는 진짜 투자자의 마음으로 접근해야 합니다. 객관적인 수치에 대한 공부도 필수지요. 전업주부 중에는 이런 접근을 낯설어하는 경우가 많은데, 그것을 극복할 때 좋은 기회가 생깁니다.

누구든 전업 투자를 선택했다면 자유에 대한 갈망이 큽니다. 일상생활에서부터 경제적인 부분까지 자기 삶의 주도권을 쥐고 싶은 마음이 절실할 겁니다. 하지만 언제나 생존의 문제와 연결되어 있기 때문에, 또 투자에 실패하면 오히려 내가 갖고 있던 삶의 주도권을 빼앗길 위험성도 있기 때문에, 항상 심리적으로 불안합니다. 그러니까 투자 자체가 어렵고 힘든 것도 아닌데, 괜한 우울감에 시달리게 됩니다. 그러므로 지식과 정보를 공유하고 감정에 공감할 수 있는 투자자 동료가 필요합니다. 좋은 동료가 주변에 있다면 나의 판단이 옳은지 검증해줄 수도 있고, 힘이 들 때 위로와 격려를 받을 수도 있으니까요. 블로그를 운영하거나 SNS 활동을 열심히 해 긴밀하게 소통할 수 있는 동료를 만드는 일은 생각보다 중요합니다. 심리적 압박감을 이겨내고 마음의 여유를 만들기 위해서는 꾸준한 운동 역시 필수입니다.

내 삶을 주도하면 투자가 보인다

전업 투자자에게 가장 필요한 조언은 역설적이게도 투자만 하지는 말라는 말입니다. 사실 투자라는 건 365일 가능한 일이 아닙니다. 그러니 서브잡으로 접근하는 게 합리적입니다. 물론 어쩔 수 없이 회사를 다니지 못하게 되는 경우가 있겠으나, 그때에도 단순 투자로 접근하는 단계를 뛰어넘어야 합니다. 처음부터 쉽지는 않겠지만 투자 경험이 쌓인다면 관련된 비즈니스를 하는 것도 좋은 방법입니다.

예를 들어 꼬마빌딩을 운영하면서 사업으로 발전할 수도 있고, IT 기술이 있다면 빅데이터 시스템을 만들어 부동산 투자에 접목할 수도 있지요. 자신에게 그런 기술이 없더라도 좋은 팀을 꾸려 협업하면 어떤 비즈니스라도 불가능한 것은 없습니다.

자신의 노동력이 많이 들어가는 자영업을 하라는 말이 아닙니다. 사장이 열심히 일해야 돌아가는 1인 기업, 2인 기업 구조는 사업이 아니라 자영업이지요. 사장이 실무를 하지 않고도 잘 굴러가는 시스템이 진짜 사업입니다. 이처럼 전업 투자가 사업화될 때, 원래 하고 싶었던 투자 역시 지속할 수 있습니다. 갭 투자처럼 잠깐 유행하는 방식으로 전업 투자의 길로 들어서면 절대 안 된다는 얘기입니다.

실제로 전업 투자자에게는 시세차익보다 월세 수익이 더 중요합니다. 미래에 더 큰 시세차익을 얻으려면 투자할 돈이 있어야 하는데 월세 수익이 그 역할을 합니다. 월급을 대체할 수 있는 고정적인 수입인 것이죠. 또 꾸준히 공부하되 논리적으로 따지기보다는 빠르게 판단하고 실행하는 행동력도 중요합니다. 묻지마 투자도 위험하지만, 모든 것을 따지다가 아무것도 하지 못하는 우를 범해서도 안 되니까요. 또 남들과는 다른 필살기가 있어야 하지요. 남을 따라 하기만 해서는 성공하기 어렵습니다.

결국 우리가 하는 모든 행위는 행복하고 싶은 욕망과 연결되어 있습니다. 투자라고 다를까요? 행복하지 않은 투자는 절대 오래가지 못합니다. 행복의 원리는 생각보다 간단합니다. 내 삶을 내가 얼마나 주도할 수 있는지, 그리고 나만의 콘텐츠가 얼마나 쌓여 있는지에 달려 있습니다. 세상에 겁먹고 위축되어 있다면, 즐기지 못하고 억지로 무언가를 해야 한다면, 행복은 순식간에 우리 삶을 빠져나가지요. 행복을 너무 거창하게 생각할 필요도 없을 것 같아요. 어차피 자기가 하고 싶은 일만 하는 사람은 없습니다. 내 마음대로 되는 일이 많지 않다는 건 너무나 당연하므로 너무 이상적인 목표는 세우지 말자고요. 스스로 판단해서 지금 할 수 있는 일을 꾸준히 할 수 있다면 그것만으로 굉장한 일 아닐까 싶습니다. "오늘 하루가 나의 역사가 된다."라는 말을 기억해둡시다. 일단 오늘부터 당장 행복해지자고요.

 일시적으로 유행하는 방식으로 전업 투자의 길로 들어서면 절대 안 됩니다.

 꾸준히 공부하되 논리적으로 따지기보다 빠르게 판단하고 실행하는 행동력이 중요합니다.

 전업 투자자가 되려면 투자자의 마인드를 갖고, 투자자의 생활방식으로 살아야 합니다.

부동산 정책에 대처하는 우리의 자세

2017년 부동산 시장에서 가장 큰 이슈는 아무래도 8·2 대책일 겁니다. 가장 많은 사람이 여름휴가를 떠나는 시점에 발표되었는데요. 그래서 국토교통부 김현미 장관도 부랴부랴 휴가를 취소하고 업무에 복귀해 발표했다고 합니다.

6·19 대책의 효과가 거의 없었기 때문에 정부도 추가 대책이 늦어지는 것에 대한 압박이 있었으리라 생각합니다. 참여정부 시절 부동산 정책이 큰 효과를 보지 못한 이유를 한발 늦은 대처로 판단하고 있는 것도 한 가지 이유일 겁니다. 그래서인지 참여정부 때 3년 동안 순차적으로 17번에 걸쳐 적용했던 것을 하루에, 그것도 훨씬 센 강도로 발표해버렸습니다.

꼼꼼하게 살펴보는 8·2 대책

8·2 대책은 확실히 효과가 있었습니다. 실수요 보호를 위한 투기수요 억제가 핵심이었는데, 일단 투기 수요가 확실히 좀 줄긴 했습니다. 충분했느냐 과했느냐에 대한 판단은 보는 입장에 따라 다르겠지만 말입니다. 어쨌건 투기과열지구에 대한 투기 수요는 확실히 줄어들었습니다. 적어도 8·2 대책 이후 초기 몇 달간은 말이에요.

하지만 다른 한편에선 실수요자인데 대출이 막히거나 줄어들어 내 집 마련이 더 어려워졌다는 불평의 소리도 높아졌습니다. 투기세력과 실수요자를 명확히 분리하는 게 애매한 경우도 많을 테니까요. 실제로 투자자와 실수요자의 중간지대에 있는 사람들이 큰 피해를 봤습니다. 다주택자라고 해도 여러 가족과 함께 사는 경우도 있는데, 실질적으로는 모두 실수요자인데도 투자자로 취급한 것이죠. 또 똑똑한 한 채 열풍이 불면서 강남 등 원래 비싼 지역은 더 오르고 그렇지 않은 지역은 떨어지는 부동산 양극화 현상도 나타났습니다. 이제 정부는 그런 부작용을 최소화하기 위한 보완책을 내놓아야 할 것 같습니다.

처음에는 투기과열지구에 포함되지 않았던 분당구 사례가 흥미롭습니다. 마치 투기과열지구에서 제외된 것에 토라진 사람처럼 8·2 대책 이후 나홀로 불타오르고 있었거든요. 뒤늦게 대구 수성구와 함께 추가 지정이 됐는데, 어쨌건 문재인 정부 출범 이후 6개월 동안

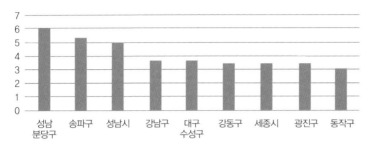

문재인 정부 출범 이후 아파트 매매가 상승률 상위(2017년 5~11월, %)

출처 : 양지영 R&C 연구소(한국감정원 시세 기준)

가장 많이 오른 지역이 바로 분당구라고 합니다. 뒤늦게 투기과열지
구로 지정된 대구 수성구 역시 다섯 손가락 안에 들어갈 만큼 매매
가 상승률이 높았습니다. 정부는 재개발, 재건축에 대한 규제가 필
요하다고 판단한 것 같은데, 사실상 범어동 하나 때문에 지정이 된
것이죠. 범어동의 새 아파트를 중심으로 투자자들이 몰렸으니까요.
그래서 범어동과 멀리 떨어져 있고 새 아파트도 아닌 곳에 사는 사
람이라면 좀 억울하게 느꼈을 수도 있겠습니다. 서울에도 그런 구가
많습니다. 사실상 한두 동에서 이상 과열을 보이는 건데, 그 때문에
나머지 동들이 피해를 보는 경우가 많은 것이죠. 일종의 연대책임인
셈인데, 그렇다고 동 하나만 콕 찍어서 규제할 순 없었겠죠.

투자 수요가 분양권에 몰렸고, 그렇기 때문에 규제의 대상도 분양
권에 집중됐는데, 생각해보면 앞뒤가 잘 맞지 않습니다. 선분양제를
유지하며 분양권 거래도 할 수 있게 해놓고선, 막상 분양권 거래를

한다고 투기세력 취급을 해버리니까요. 그러니까 분양권 거래 자체가 사회적으로 불필요한 거라고 판단한다면 애초에 법적으로 분양권 거래를 하지 못하게 해야 맞는 것이지요. 사실 후분양제만 도입되면 이런 논란이 없어지긴 하겠지만 말입니다.

그러지 않아도 2017년 10월 국토교통부 국정감사에서 후분양제에 대한 이야기가 나왔습니다. 김현미 장관이 LH에서 공급하는 공공분양 아파트에 대해서는 단계적으로 후분양제를 도입할 수 있다고 답한 것이죠. 그리고 2017년 12월 후분양제를 일부 도입하는 안이 통과되었습니다. 후분양제 도입은 현재진행형입니다. 기존에는 집을 다 짓기 전에 분양을 먼저 했습니다. 분양 받는 사람은 계약금도 중도금도 미리 다 내야 하니, 중도금대출 문제가 항상 뒤따라 왔습니다. 하지만 건설사는 미리 돈을 다 받고, 그 돈으로 아파트를 지으면 되니 자기 자본이 별로 필요치 않은 굉장히 편한 제도지요.

한편 후분양제가 도입되면 분양가가 많이 올라갈 거라는 우려도 있습니다. 정확히 표현하면 실제 가치에 더 접근하게 되는 것이죠. 건설사는 거품이 낀 고분양가로 분양할 수 없고, 투자자는 시세차익을 보려고 분양권을 사거나 팔 수도 없습니다. 후분양제만 도입되어도 투기 수요가 원천적으로 차단되는 것이지요.

하지만 민간분양에까지 도입되는 건 쉽지 않을 겁니다. 자기 돈으로 아파트를 다 지을 수 있는 건설사는 얼마 되지 않거든요. 결국 은행 돈으로 지을 텐데, 이는 대출 이자 비용의 상승으로 이어지게 되니, 중소 건설사에 엄청난 타격이 될 거라는 전망도 많습니다.

마지막으로 분양가상한제에 대해서 간단히 살펴보면 좋겠습니다. 안 그래도 새 아파트 인기가 좋은데, 분양가상한제로 인해 예전 대세 상승기와 같은 고분양가로 분양하지 못합니다. 그러니 당첨만 되면 대박, '로또 분양'이라는 말이 나올 정도입니다. 8·2 대책 이후 다주택자의 수요도 빠졌으니, 무주택 실수요자 입장에선 최고의 여건이 마련된 셈이죠.

분양가상한제의 목적은 주변 아파트 시세 상승을 억제하는 것입니다. 고분양가로 분양이 되면 주변 아파트 가격도 새 아파트와 키높이를 맞출 가능성이 높기 때문입니다. 하지만 각종 규제 정책으로 투기 수요의 접근을 막고, 실수요만으로 가격이 결정된다면 시세 상승도 자연스러운 것으로 받아들여야 합니다. 억지로 막으면 오히려 부작용도 많이 생깁니다. '로또 분양'으로 인해 분양권 시장이 투기판이 될 가능성이 높고, 건설사는 싼 자재로 아파트를 지을 가능성이 높습니다. 지자체가 걷을 수 있는 세금도 그만큼 줄어들게 됩니다.

실수요만 남아 있다면 가격을 시장에 맡겼을 때 오히려 실용적인 정책이 탄생할 수 있습니다. 이를테면 비싼 동네에서 세금을 많이 걷어 좀 덜 비싼 동네에 그 돈을 쓰는 겁니다. 고급화에 대한 수요가 있는 지역에선 고급화한 만큼 분양가도 높게 책정하고 그만큼 더 걷힌 세금은 각종 인프라가 부족한 지역에 쓰면 됩니다.

심리적 박탈감을 해소하는 것보다 더 절실한 건 주거복지가 필요한 사람에게 실질적인 혜택을 주는 것입니다. 결국 집 때문에 결혼도 못 하고 아이도 못 낳는 젊은 세대가 얼마나 많을까요? 그들에게 정책 지원을 더 하려면 시장의 양극화를 받아들이고 이를 멋지게 활용하는 지혜가 필요합니다.

결국 8·2 대책 이후의 시장 흐름을 보면 공급을 늘리는 것으로 수요를 해결할 수 없는 걸 알 수 있습니다. 그러므로 앞으로 부동산 정책을 만들 때는 서울과 서울이 아닌 지역을 확연히 분리해야 할 것 같습니다. 다행히 주거복지로드맵에서는 그렇게 하고 있는데, 수요가 훨씬 많은 서울에 혜택이 별로 없다는 점이 조금 아쉽게 느껴지네요.

10·24 가계부채 종합대책은?

10·24 가계부채 종합대책도 나왔는데, 신 DTI와 DSR을 도입하여 다주택자들의 추가 대출을 막고 가계부채의 총량을 관리한다는 게 그 목적입니다. 흥미로운 점은 여기에서도 주택임대사업자 등록을 유도하기 위해 대출로 정책 지원을 하고 있다는 사실입니다. 일반적으로 주택담보대출의 기준이 되는 통계는 KB시세인데, 임대주택은 보증금이나 월세를 역산해서 새로운 기준을 만든다고 합니다. 굉장

히 세밀하게 정책을 준비했다는 게 잘 드러납니다. 다주택자들에게 집을 팔던지, 주택임대사업자 등록을 하던지 둘 중 하나를 택하라는 신호를 반복적으로 내보이고 있는 것이죠. 당연히 부작용이 없을 순 없겠지만, 생각보다 정부 정책은 꼼꼼히 준비된 것 같습니다.

마지막 남은 카드가 보유세일 텐데, 실제 도입이 될지는 좀 더 지켜봐야 할 것 같습니다. 2018년에는 추가 정책보다는 2017년에 나온 정책들을 보완하는 차원의 정책이 나올 것입니다. 지방선거라는 중요한 이슈도 있는데, 지역별 부동산 이슈를 지자체에 건의하여 모두 살기 좋은 동네를 만드는 데 주력하는 것도 좋겠네요.

 앞으로 부동산 정책을 짤 때는 서울과 서울이 아닌 지역을 확연히 분리해야 할 것 같습니다.

 마지막 남은 카드가 보유세일 텐데, 실제 도입이 될지는 좀 더 지켜봐야 할 것 같습니다.

 2018년에는 추가 정책보다는 2017년에 나온 정책들을 보완하는 차원의 정책이 나올 것입니다.

똘똘한 한 채만 산다면? 내가 살고 싶은 집!

부동산 정책을 보면 정부가 원하는 방향은 분명합니다. 다주택자가 집을 팔고, 무주택자가 실거주용 집을 사라는 겁니다. 실제 무주택자에겐 청약당첨의 기회도 늘어나는 등 기회가 많이 생겼습니다.

그 덕인지 내 집 마련의 계획을 세운 사람도 더 늘어나고 있지요. 그런데 뭐든 처음이 어렵습니다. 집을 사는 것도 마찬가지이지요. 그래서 이번에는 각자 '내가 살고 싶은 집'에 대해 얘기해보려고 합니다. 그 안에 결국 좋은 입지이면서, 실제로 살기도 좋은 집에 대한 답이 들어 있겠지요. 아임해피, 서울휘, 빠숑이 살고 싶은 집을 보며, 내가 살고 싶은 집도 알 수 있는 시간이 될 겁니다. 지금부터 살펴볼까요?

아임해피 : 직주근접

저는 나중에 아들이 집을 장만한다고 할 때 어디를 추천하면 좋을지 자주 생각합니다. 결국 일자리를 먼저 생각하지 않을 수가 없더라고요. 그래서 일자리가 많은 지역에 접근하기 좋은 지역이 최우선 조건이 되었지요. 먼 얘기지만, 이를테면 아들이 강남구 삼성동에서 일하면 좋겠고, 그래서인지 삼성동에 가기 쉬운 지역이 눈이 먼저 갑니다.

아마 그동안 제가 수도권에 살면서 서울로 학교를 다니고 출퇴근했던 경험 때문에 직주근접 로망이 더 커진 것 같습니다. 10년 이상 매일 지하철과 버스를 타고 경기도에서 서울을 오가는 생활을 했는데, 제 아들은 그런 불편한 생활을 하지 않았으면 하는 바람입니다.

저와 비슷하게 생각하는 사람이 많기 때문에 서울의 수요가 폭발적인 게 아닐까요. 집값 문제도 따지고 보면 서울에 대한 수요 때문입니다. 집값 문제를 해결하려면 그 수요를 분산해야 하는데, 교통이 해결책입니다. 그래서 현재 서울과 삼성동으로의 접근성을 획기적으로 개선하는 GTX가 그 기능을 수행하기 위해 열심히 준비 중입니다. 하지만 가장 빨리 진행되는 GTX-A 노선도 2023년이 돼야 완공이 됩니다. 그전까지는 대부분의 경기도에서 삼성동에 접근하는 게 그리 녹록지 않습니다.

서울휘 : 자연환경

저는 일자리보다는 자연환경에 더 초점을 맞추고 싶습니다. 앞으로도 계속 일자리가 특정 지역에 집중될지 의문입니다. 사실 요즘은 컴퓨터 하나만 있으면 어디서든 일할 수 있는 시대니까요. 저는 실제로 산 밑에 살아본 경험이 있습니다. 공기가 굉장히 맑고 좋은데, 여름만 되면 벌레가 너무 많았습니다. 그래서 산에 좀 질린 것 같아요. 그러다 보니 이젠 산이 아니라 그냥 도심에서 살고 싶다는 생각이 커졌습니다. 한강이나 탄천 등 근처에 물이 있으면 더 좋을 것 같고요. 자연환경에 대한 프리미엄은 앞으로 더 중요해질 겁니다. 한강 프리미엄은 지금도 어마어마하지요. 조선 시대 한명회가 압구정을 만든 것도 다 한강 프리미엄을 누리기 위함이었습니다. 일산이나 광교 등 신도시는 호수공원을 끼고 있는 아파트 단지 수요가 굉장합니다. 그래서 대단지의 경우 단지 안에 인공적으로 실개천을 만들고 호수를 만들기도 하는 거겠지요.

빠숑 : 한강뷰

저는 한강뷰에 대한 로망이 있어 한강 부근 아파트는 실거주 목적으로 거의 다 알아보았습니다. 개인적으로는 한강을 끼고 있는 동네

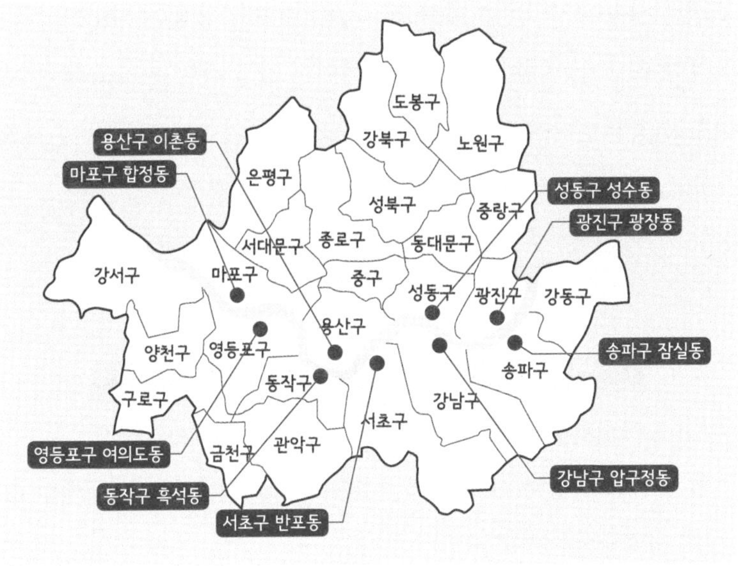
도봉구
용산구 이촌동
강북구
노원구
마포구 합정동
은평구
성동구 성수동
성북구
중랑구
광진구 광장동
서대문구
종로구
동대문구
강서구
마포구
중구
성동구
광진구
강동구
용산구
양천구
영등포구
송파구 잠실동
송파구
동작구
구로구
강남구
서초구
영등포구 여의도동
금천구
관악구
강남구 압구정동
동작구 흑석동
서초구 반포동

서울 내 한강뷰가 좋은 지역

중에서도 강남구 압구정동, 용산구 이촌동, 광진구 광장동 이 세 곳이 가장 좋았습니다. 강남 재건축이 다 끝나면 이 동네들이 다음 타자가 되지 않을까 생각합니다.

한강이 시원하게 보이는 아파트는 그것만으로 희소성이 있습니다. 흥미로운 건 한강이 흘러오는 쪽을 보는 게 더 좋다는 사실입니다. 풍수적으로도 강의 하류보다는 상류가 더 좋은 기운을 받는다고 합니다. 그래서 강을 떠나보내는 쪽도 좋긴 하지만, 강이 흘러오는 쪽보다는 프리미엄이 좀 떨어집니다.

한강 프리미엄이 대단하다는 건 한강이 아주 조금만 보여도 홍보

문구로 활용할 수 있는 데서 알 수 있습니다. 굉장히 멀리서 아주 조그맣게 보여도, 혹은 앞 건물에 가려서 건물 사이로 겨우 조금 보여도 한강뷰로 쳐주는 것이죠. 물론 진짜 프리미엄은 한강이 시원하게 보이는 전망에 있는 거긴 하지만 말입니다.

강남구, 서초구에 이은 대한민국 넘버 3 과천시

과천 아파트의 평균 시세는 평당 3,864만 원입니다. 경기도에서 가장 비쌀뿐더러 서울의 구와 비교해도 과천보다 비싼 구는 강남구(4,768만 원)와 서초구(3,818만 원)밖에 없습니다. 왜 이렇게 인기가 좋은 걸까요?

우선 서초구와 바로 붙어 있어 강남과 접근성이 좋은데, 자연환경까지 끝내줍니다. 관악산을 끼고 있어서 공기부터 다른 것이죠. 우스갯소리로 과천에는 벌레도 없다고 합니다. 민원이 들어가면 알아서 바로 다 처리해주거든요. 노령 인구를 위한 복지도 굉장히 좋습니다. 또 신기하게도 서울 신림동의 관악산과 과천시의 관악산은 느낌이 완전히 다릅니다. 서울에서 보면 바위산인데, 과천에서 보면 숲이 우거진 산이거든요. 관악산에서 흘러내린 실개천이 아파트 단지 안으로 흘러가는 데도 있어요. 진짜 콘도에 여행 온 것 같은 느낌을 주는 곳입니다.

상권도 크진 않지만 있을 건 다 있고, 정부 청사도 있어서 그런지 나라가 지켜주고 있는 듯한 느낌도 받을 수 있습니다. 정말 경기도에서는 독보적인 입지인 것 같아요. 그래서 마음이 잘 맞는 친구들끼리 '나중에 과천에 모여 살자'는 말도 자주 합니다.

멋진 바다를 품은 부산과 제주도

서울 사람도 부산과 제주도에는 로망이 좀 있는 것 같습니다. 한 달 살기 같은 프로젝트가 유행처럼 번지기도 했죠. 두 도시 모두 서울에 없는 바다가 있다는 게 가장 큰 특징입니다. 특히 해운대구 바로 옆에 있는 수영구가 좋아 보입니다. 해운대는 바다만 보이지만, 수영구 광안동은 광안대교가 보여 풍광이 더 멋지지요. 수영강도 흐르고 금련산도 있습니다. 산과 강과 바다가 바로 옆에 다 있는 겁니다.

직업이 자유로우면 부산에서 2~3년쯤 살아봐도 좋을 것 같은데, 아무래도 지인들과 떨어져서 지내야 하는 게 제일 걸리더라고요. 살기 좋고 풍경도 좋지만, 주변 사람들과 떨어져서 지내고 싶지는 않으니까요.

제주도도 인기가 갈수록 많아지고 있습니다. 놀러 가는 곳으로 인기를 끈 건 꽤 오랜 일이지만, 요즘엔 살러 가는 곳으로도 인식이 되고 있지요. 물론 일자리 문제 때문에 마음만 있으면 누구나 갈 수 있는 지역은 아니지만 말입니다. 연예인이나 작가 등 조금 더 자유롭게 일할 수 있는 사람이 제주로 이주를 많이 하고 있습니다. 제주의 미래를 생각해보면 가능성은 무궁무진합니다. 해외 그 어떤 대단한 섬보다 볼거리가 더 많거든요. 젊고 창의적인 인재가 많이 들어가 참신한 기획을 실현시켜서 더 멋진 관광섬으로 개발되면 좋겠습니다.

지방에 산다는 것

혁신도시는 참여정부 때 작품입니다. 공기업과 공공기관을 중심으로 서울에 집중된 일자리를 지방으로 내려보내자는 게 혁신도시 지정의 중요한 목적이었습니다. 덕분에 전국 곳곳에 혁신도시가 생기긴 했는데, 정권이 바뀌면서 좀 주춤했던 경향이 있었지요. 그래도 문재인 정부가 들어섰으니 혁신도시가 다시 활성화될 가능성이 있습니다.

서울 집값이, 아니 강남 집값이 비싼 이유는 일자리 때문입니다. 결국 서울 집값을 잡고 지방 도시를 키우기 위해서는 서울에 집중된 일자리를 지방으로 내려보내야 하는 거죠. 지방에 일자리가 있으면 서울을 벗어나길 바라는 사람도 많이 있겠지요. 적은 비용으로 훨씬 더 쾌적하게 살 수 있다는 장점이 있으니까요. 점점 많은 사람이 삶

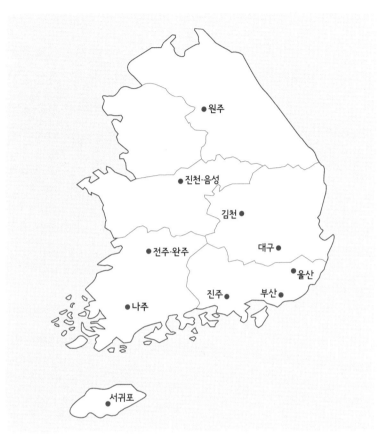

의 질을 더 중요하게 생각하고 있습니다. 비싼 주거비용 때문에 서울살이를 지긋지긋하게 생각하는 사람도 아주 많다는 얘기입니다. 그런 사람에게는 좋은 일자리가 많이 생기는 혁신도시가 대안이 될 수 있지요.

물론 부동산의 미래만 생각하면 서울에 집을 사는 게 합리적인 선택일 겁니다. 앞으로 서울 집값은 더 비싸질 게 분명하니까요. 주요 선진국의 대도시 집값과 비교만 해봐도 알 수 있습니다. 서울 집값은 수요에 비해 정말 싼 가격입니다. 정부 정책으로 올라가지 못하게 막고 있기 때문에 이 정도이지, 그런 것마저 없었다면 서울 집값은 훨씬 더 비싸겠지요. 꼭 집값 때문이 아니더라도 젊은 세대는 서울을 떠나기 싫어합니다. 그래서 지방에 발령이 나도 가족을 서울에 두고 혼자 지방으로 이사를 하는 경우도 아주 많습니다. 우리 주변의 수많은 주말부부가 그래서 탄생하는 것이죠. 하지만 소중한 가족이 다 함께 사는 것보다 더 중요한 게 또 뭐가 있을까요?

 한강이 시원하게 보이는 아파트는 그것만으로 희소성이 있습니다.

 자연환경 프리미엄은 앞으로 더 중요해질 것 같습니다.

 일자리가 많은 지역에 접근하기 좋은 지역이 최우선 조건입니다.

그래서
어디를
살까요

2장

부동산 투자,
쉽게! 재미있게! 자신있게!

누구에게나 처음은 있습니다

지금은 부동산 고수라고 불리는 사람에게도 처음은 있습니다. 저희도 마찬가지지요. 이번에서는 그 이야기를 해볼까 합니다.

아임해피의 처음

신입사원으로 첫 직장에 들어갔을 때 청약통장을 만들라는 말을 많이 들었습니다. 그때만 해도 크게 와 닿지는 않았어요. 그런데 경리언니가 분당 야탑동에 공무원 아파트를 3천만 원에 분양을 받는데, 입주 후 2~3년 만에 1억이 됐다는 말을 들었습니다. 1997년 이야기입니다. 당시 제겐 엄청나게 큰돈이었지요. 그날 자극을 받고 바로 청약통장을 만들었습니다. 부동산에 관심을 두게 된 건 그때부터였습니다. 그러니까 가까운 사람이 돈을 좀 벌었다는 소리를 들어야 마음이 움직이는 것 같습니다.

그러다가 친정 엄마의 집을 마련하기 위해 부동산에 관한 온갖 정보를 찾고 공부를 하면서 본격적인 투자의 세계에 발을 들였습니다. 사실 내 집 마련을 한다면 나만 좋으면 되니 주관적인 판단을 하게 되는 경우가 많습니다. 하지만 내가 아닌 다른 사람을 위한 집을 고르면 훨씬 더 객관적인 눈으로 입지 및 상품을 분석하게 됩니다. 당시에 아버지의 직장으로 가는 교통편도 꼼꼼히 살피고, 어머니의 생활권과 이용할 편의시설도 자세하게 알아보았습니다. 은퇴를 눈앞에 둔 세대에게는 똘똘한 집 한 채를 갖는 게 굉장히 중요합니다. 편하게 살 수 있는 든든한 내 집이기도 하고, 시간을 먹으며 자라는 좋은 투자가 될 수도 있으니까요. 나중에 수입이 없어지면 주택연금으로도 활용할 수 있으니 일석삼조입니다.

서울휘의 처음

저는 부동산보다 주식에 먼저 관심을 뒀습니다. 집에 큰돈이 묶이는 게 싫었지요. 어차피 죽을 때 집을 갖고 갈 것도 아닌데, 그냥 여행이나 실컷 다니며 돈도 죽기 전에 다 쓰자는 주의였습니다. 실제로 결혼하고도 여행을 많이 다니며 살았는데, 어느 날 대학 동기였던 친구 어머니가 부동산을 한다는 소식을 들었습니다. 친하게 지내던 대학 동기 모두 부동산에 전혀 관심도 없고 매일 술 마시고 놀기만 했는데, 어머니가 부동산을 하는 그 친구만 재개발 투자를 해서 일주일 만에 2천만 원을 번 겁니다.

전 그때 큰 충격을 받았습니다. 그래서 집에 돌아와 아내에게 슬쩍 얘기했습니다. 그랬더니 아내도 바로 다음 날 다짜고짜 부동산에 가자고 하더라고요. 그때부터 재개발에도 관심을 두고 경매 강의도 듣고 그랬습니다.

보통 내 집 마련을 먼저 하고 그다음에 투자로 넘어가는데, 저는 투자로 먼저 접근을 했습니다. 그것도 재개발에 먼저 관심을 가졌고, 그 후에 경매로 넘어왔습니다.

생각해보면 이것도 아이러니합니다. 사실 전 경매를 굉장히 안 좋게 봤기 때문이지요. 망한 사람의 피눈물을 내 수익으로 연결하는 것 같아서 괜히 마음이 불편했지요. 하지만 그건 너무 짧은 생각이었어요. 경매로 물건이 팔려야 구제받을 수 있는 사람이 더 많다는 걸 깨달은 거죠. 가압류, 근저당권 등 말소기준권리가 싹 지워지니까요. 투자자가 경매에 관심이 있으면 부동산 공부도 많이 되는 장점도 있습니다.

빠승의 처음

저는 일반적인 직장인이었습니다. 첫 직장은 롯데백화점, 두 번째 직장은 GS리테일로 이름이 바뀐 LG유통, 그리고 세 번째 직장이 한국갤럽이었습니다. 결혼하고 신혼집으로 3천~4천만 원짜리 전세에 살았습니다. 강서구 화곡동에 있는 빌라인데 주차장도 제대로 없었습니다. 다른 건 그렇다 쳐도 주차장 스트레스가 엄청났습니다. 제가 워낙 친구들을 좋아해서 집들이를 자주 했는데 할 때마다 주차 때문에 전쟁을 치렀습니다. 친구들이 차를 가져오면 제가 경인고속도로 변에다 주차를 해놓고 뛰어왔습니다. 200~300m를 왔다 갔다 하며 주차를 한 거죠. 2년 동안 너무 힘들었습니다. 아내도 다른 건 몰라도 최소한 주차는 좀 편한 곳으로 이사를 가자고 하더라고요.

그러면서 제대로 된 집에 대해 본격적으로 관심을 두고 알아보기 시작했습니다. 특히 주차장 때문에 아파트에 큰 관심을 가졌죠. 그렇게 자연스럽게 부동산 공부를 시작하고, 투자로까지 이어지게 되었습니다.

제 블로그 제목이 '세상 답사기'인 이유가 뭘까요? 저는 실제로 임장이 아니라 답사를 했습니다. 전국을 돌아다니다 보면 여기에서는 진짜 살고 싶다는 생각이 드는 곳이 있습니다. 저는 그런 지역의 부동산을 샀고, 산 후 잊어버리고 열심히 살고 있으면 어느 순간 매매가가 올라 있었습니다. 자연스럽게 부동산이 돈이 될 수 있다는 걸 몸으로 느꼈고, 오른 부동산이 왜 올랐는지 공부하기 시작했습니다. 그렇게 전국에 하나씩 마음에 드는 집을 샀던 게 투자의 시작이었지요.

그때부터 부동산은 시간을 먹으며 자란다는 걸 깨달았습니다. 물론 인플레이션 헤지(화폐가치 하락에 대비하기 위하여 주식이나 토지, 건물, 상품 등을 구입하는 것)에 실패하는 부동산도 많습니다. 감가상각이 유난히 심하게 일어나는 부동산도 있고요. 그렇기 때문에 부동산 공부가 중요한 거겠지요.

1기 신도시의 등장과 아파트 전성시대

저희 세대에 1기 신도시의 의미는 각별합니다. 특히 아파트에 대한 로망을 한껏 자극했습니다. 실제로 1기 신도시 입주가 대한민국의 주거문화를 바꿨다고 해도 과언이 아닙니다. 1991년부터 1995년까지 무려 2백만 세대가 입주를 한 겁니다. 정말 엄청난 숫자죠. 노태우 대통령의 최대 업적으로 평가받을 만합니다. 주택보급률을 획기적으로 올린 사건이며, 단독주택이나 다세대 빌라 문화를 아파트 문화로 바꾼 결정적 계기였습니다. 5장에서 구체적으로 다루겠지만, 1기 신도시의 쾌적함에 많은 사람이 눈을 뜬 것이죠.

한 번 아파트에 살면 다시는 빌라에 갈 수 없다고 합니다. 부모의

제1외곽순환고속도로

일산

서울시

중동

산본 평촌 분당

제1외곽순환고속도로로 모두 연결되는 1기 신도시

도움을 받을 수 있는 젊은 친구들은 매매든 전세든 신혼부터 아파트로 시작하는 걸 선호하는데, 오히려 그런 친구들이 부동산에 관심을 덜 가지는 것 같습니다. 시작이 어려울수록 돌파구를 마련하기 위해 경매든 분양권 투자든 더 적극적으로 알아보고 공부하기 마련이니까요.

재건축이 예정된 굉장히 오래된 빌라 반지하에 10년 이상 사는 걸 선택한 부부도 보았습니다. 그 시간을 견디면 낡은 반지하 빌라가 새 아파트로 변신할 수 있으니까요. 없는 돈으로 새 아파트 상품

을 가질 수 있는 거의 유일한 방법이라고 생각했기 때문에 그 부부
는 간절한 마음으로 실거주용 재건축 투자를 했던 겁니다.

부동산 투자는 인플레이션 헤지다!

시간이 흐르고 경제가 발전할수록 화폐가치는 계속 떨어집니다. 현
금만 가진 채 시간을 흘려 보내면 나는 아무것도 하지 않았는데 자
산 가치가 계속 줄어드는 겁니다. 그러니까 인플레이션을 방어하는
차원에서 부동산 투자는 의미가 있습니다. 실제로 긴 시간을 두고
보면 부동산 역시 물가상승률 정도 오르는 겁니다. 물론 입지와 시
기에 따라 오르고 내리는 폭이 들쭉날쭉하긴 하지만 어쨌건 평균으
로 따지면 그렇다는 얘기입니다. 그렇기 때문에 작은 변화에 일희일
비하거나 초조하게 매일 집값을 들여다보는 사람보단 시세 변화 따
윈 잊고 자기 본업에 집중하는 사람이 투자에서 더 크게 성공할 수
있습니다. 조급하게 굴면 그만큼 잘못된 판단을 하게 될 확률도 높
아지니까요.

자녀의 초등학교 입학은 내 집 마련 최적의 시기!

실수요자가 가장 절실하게 내 집 마련을 원하는 시기가 있습니다. 바로 아이가 초등학교에 들어갈 무렵이죠. 그 전까지 전세를 살고 이사를 많이 다니던 가정도 이때가 되면 한 곳에 안정적으로 정착하기를 바랍니다. 전학을 자주 가는 건 아이에게도 그다지 좋은 일은 아니잖아요. 특히 사교적인 성격이 아니면 전학 자체만으로 아이에게 큰 스트레스일 수 있습니다.

대한민국 부동산 시장에 영향을 미치는 주요 요소 중 하나에 교육 환경이 있는 이유도, 초품아(초등학교를 품은 아파트)가 그렇게 인기 있는 이유도 이 때문이겠지요. 실제로 단지 안에 초등학교가 있어 조금만 걸어도 학교에 갈 수 있는 환경이라면 더할 나위 없이 좋습니다. 통학 거리가 짧을수록 교통사고 등 안전사고가 일어날 확률이 줄어드니까요.

부동산 공부는 결국 사람 공부다

단순히 돈만 많이 벌려고 부동산 투자를 시작하는 건 말리고 싶습니다. 그런 마음이 클수록 잘못된 정보에 현혹되거나 성급한 판단을 하게 될 확률도 높기 때문이지요. 다들 성공사례만 많이 떠들고 자랑해서 그렇지, 실패사례도 아주 많습니다. 그러고 보면 실패사례를 모아 소개하는 것도 초보에겐 좋은 공부가 될 수 있겠네요.

이런 주의사항을 말하는 까닭은 그만큼 부동산 투자가 대중화되었기 때문입니다. 투자자 연령도 굉장히 낮아지고 있습니다. 최근에 부동산 강의를 가보면 20대 후반부터 30대 초반 친구들도 심심찮게 만나볼 수 있습니다. 어린 나이에 벌써 이렇게 부동산 공부를 할 필요가 있느냐고 물으면, 대한민국에서 부동산을 모르면 살아남기 힘들다는 사실을 몸소 체감한다고 하더라고요. 부동산 모르면 손해라는 인식이 널리 퍼진 것이지요.

대학교에 부동산학과가 여럿 생기는 것만 봐도 그런 현상을 읽어낼 수 있습니다. 부동산이 어떻게 학문이 될까 생각하는 사람도 많겠지만, 부동산은 공부할 게 무척 많습니다. 거시경제의 변화부터 사회구조의 변화까지 부동산 시장에 영향을 미치는 걸 다 공부하자면 그 양은 어마어마하겠지요.

부동산을 공부하다 보면 부동산에서 파생한 다른 비즈니스 포인트도 발견하게 됩니다. 셰어하우스가 그 대표적인 사례입니다. 무엇보다 사람에 대한 공부를 제대로 할 수 있습니다. 당대의 사람들이 어떤 마음을 품고 살아가는지, 어떤 삶의 방식을 누리는지, 세상이 어떻게 바뀌고 있는지를 모두 알 수 있습니다. 그런 공부는 그 자체로 크고 값진 자산이 될 수 있지요.

부동산은 공부도 중요하지만 실전 투자가 더욱 중요합니다. 내 돈으로 투자하여 노심초사해봐야 합니다. 그런 경험이 쌓여야 성장할 수 있습니다. 그렇다고 주식처럼 매일 시시각각 시세가 변하는 건 아니므로 비교적 편한 마음으로 투자할 수 있습니다. 실제로 사람이 살고 생활하는 공간이란 생각을 하면 더 재미있게 투자에 접근할 수 있습니다.

마지막으로 대한민국은 땅덩어리가 생각보다 좁다는 걸 기억했으면 합니다. 특히 산지 등 사람이 살 수 없는 땅 70~80%를 빼고, 남은 땅 중에서도 주거지로 쓸 수 없는 걸 빼면, 실제 주거지는 5%도 채 안 된다고 합니다. 그 부지를 5천만 명이 나눠 사는 것이죠. 대한민국에서 부동산을 모르면 손해를 볼 수밖에 없는 이유입니다. 물론 여러 번 강조했듯 공부가 기본입니다. 제대로 공부해서 입지가 좋은 곳에 효율적인 투자를 할 수 있도록 저희가 열심히 돕고, 또 응원하겠습니다.

고수의 한마디

배슝 인플레이션 헤지가 부동산 투자의 기본입니다.

서울휘 부동산 공부는 결국 당대 사람들의 마음과 삶의 방식에 대한 공부입니다.

아임해피 자녀가 초등학교에 입학할 때가 내 집 마련하기 가장 좋은 시기입니다.

경매는 부동산 공부의 지름길입니다

부동산 경매는 일반인이 생각하는 것보다 훨씬 큰 시장입니다. 서점에 가면 보이는 수많은 경매 책만 봐도 알 수 있지요. 부동산과 구분된 하나의 카테고리가 있을 정도입니다. 그럼에도 경매를 어렵게 생각하는 사람이 아직 많습니다. 공부할 게 많기 때문입니다.

경매의 대중화

요즘은 20~30대 젊은층도 경매를 많이 한다고 합니다. 신혼집 마련을 경매로 하는 경우도 있다고 하니, 과거보다는 많이 대중화되었습니다. 특히 내 집 마련 차원에서 접근한다면 경매는 확실히 좋은 방법입니다. 내가 잘 아는 지역이라면 어떤 물건이 좋은 물건인지 잘 판단할 수 있을 테니까요. 시세보다 조금이라도 더 저렴하게 매수할 수 있기도 하고요.

그렇지만 경매는 어쨌건 절차가 복잡합니다. 공부를 해야 하는 장벽이 있습니다. 2000년대 초중반에 부동산 공부를 한다는 건 곧 경매 공부를 뜻했습니다. 좋은 입지, 좋은 상품, 좋은 가격에 대해 객관적으로 평가하는 것이 경매 공부의 기본이기 때문입니다. 그래서 경매 공부를 좀 해본 사람은 경매가 아닌 일반 매매를 할 때도 입지와 상품을 보는 눈이 생깁니다. 하지만 그런 공부 없이 그저 싸게 집을 살 수 있다는 생각만으로 경매에 나서는 건 '묻지마 투자'에 불과합니다.

요즘에는 유튜브에 무료 경매 강의도 많이 올라와 있어 공부하기 쉽습니다. 물론 지나치게 비싼 유료 강의도 있는데, 굳이 그렇게 비싼 돈을 주면서까지 배울 필요가 있을까 싶습니다. 그런 건 강의라기보다 컨설팅에 가까운데, 낙찰을 돕는 대가로 비싼 수수료를 챙깁니다. 고가 낙찰에서는 '바지 세우기'를 하는 경우도 있으니 더 조심해야 합니다. 바지 세우기는 일부러 낙찰가와 차이가 별로 나지 않게 허위로 2등 입찰을 하는 걸 일컫는 말인데, 사람들은 근소한 차이로 낙찰받으면 기분이 좋다는 심리를 이용한 것입니다.

경매는 낙찰가의 90%까지 대출을 받을 수 있는 장점이 있습니다.

경매를 활성화하기 위해 도입된 제도인데, 그 덕분에 부담을 좀 덜 수 있습니다. 경매에 입찰하기 위해선 최저 입찰가의 10%만 보증금으로 넣으면 됩니다. 입찰했다가 떨어지면 보증금은 그냥 돌려받을 수 있는데, 단 차순위 매수신고를 하면 낙찰자가 잔금을 전부 납부한 후에야 보증금을 돌려받을 수 있습니다. 차순위 매수신고는 1등으로 낙찰받은 사람이 해당 물건을 포기하고 잔금을 치르지 않는 경우를 대비해 마련된 제도로, 신청을 한 사람 중 가장 높은 입찰가를 써낸 사람이 차순위 매수신고자가 됩니다.

공부할 게 많고 절차가 복잡한 것보다 사람들이 더 부담스러워 하는 건 점유자 명도입니다. 낙찰을 받고 잔금까지 다 치르면 해당 물건을 점유하고 있는 전 집주인이나 세입자를 내보낼 수 있는데, 그 일이 만만치 않은 것이죠. 최악의 경우 순위에서 밀려 전세 보증금을 하나도 돌려받지 못하는 세입자가 있을 수도 있는데, 그냥 내보내는 게 인간적으로 못 할 짓인 것 같은 자괴감이 들 수도 있겠네요. 무조건 배 째라며 버티는 경우도 있을 수 있고요. '강제 집행'이라는 최후의 수단이 있긴 하지만, 그것 역시 비용이 많이 들고 절차도 복잡합니다.

물건을 직접 보지 못하고 선택해야 하는 단점도 있습니다. 일반 매매는 집 내부 상황을 직접 눈으로 살펴보고 판단을 할 수 있는데, 경매는 그러는 게 사실상 불가능하죠. 그래도 요즘은 인터넷이 발달해 최대한 많은 정보를 얻을 수 있지만, 어쨌건 직접 보지 못한 물건을 사야 한다는 리스크는 존재합니다.

책부터 유료 사이트까지 다양한 공부법

그렇다면 경매 공부는 어떻게 하는 게 좋을까요? 역시 시작은 책이 좋습니다. 아주 기초적인 것부터 시작하는 경매 책이 시중에 많이 있습니다. 책을 읽으며 기본적인 개념을 잡고 해볼 만하다는 생각이 든 후에 강의를 듣는 등 본격적인 공부를 시작하는 게 좋습니다.

꼭 경매로 물건을 살 생각이 없더라도 경매 공부를 하고 어떻게 진행되는지 보는 일은 부동산 보는 눈을 키우는 데 많은 도움이 됩니다. 공인된 감정 평가를 받기에 시세 변화를 더 정확히 파악할 수도 있고, 부동산 입지에 대해서도 더욱 객관적으로 평가할 수 있기 때문입니다. 일반인이 접근하기 쉽고 정보도 많은 아파트보다는 상가나 토지가 더 활용하기 좋습니다.

참고로 상가는 아파트보다 거래가 많지 않아서 분양가를 기준으로 감정가가 책정됩니다. 그런데 시간이 지날수록 감정가가 분양가보다 떨어지는 경우도 꽤 많습니다. 그런 흐름만 잘 지켜보더라도 뜨는 입지와 가라앉는 입지를 미리 파악할 수가 있지요. 돈의 흐름이 어느 정도 보인다고 할까요.

그리고 일반인들에게 좀 비싸게 느껴질 수도 있겠지만 OO옥션 등의 이름이 붙은 유료 사이트의 도움을 받는 건 실제 경매를 하는 사람들에게 굉장히 실용적입니다. 대법원 사이트에 경매 정보가 올라오긴 하지만, 등기부 등본을 보고 권리분석을 하는 일을 스스로 하는 건 어려움이 있습니다. 이런 일을 유료 사이트에서 도와주는 것이죠. 카테고리별로 낙찰된 것과 낙찰받을 것들을 분류해 최근 트렌드를 알기도 좋고, 정보가 변경되면 바로 문자도 보내줘서 즉시 확인할 수 있는 장점도 있습니다. 이처럼 경매 공부를 도와주는 곳이 생각보다 많으니 편한 마음으로 문을 두드려 보세요.

 경매로 물건을 살 생각이 없더라도 경매를 공부하고 어떻게 진행되고 있는지 지켜보는 일은 부동산 보는 눈을 키우는 데 많은 도움이 됩니다.

 상가 경매의 흐름을 보면 뜨는 입지와 가라앉는 입지를 미리 파악할 수 있습니다.

 잘 아는 지역에 경매 물건이 나왔다면 한번 도전하여 더 저렴하게 내 집 마련을 해보세요.

꼼꼼히 따져봐야 할 게 많은
오피스텔 투자

부동산 투자의 목적은 크게 월세와 시세차익으로 나뉘는데, 시세차익의 대표주자가 아파트라면 월세의 대표주자가 바로 오피스텔입니다. 물론 오피스텔 중에서도 시세차익을 볼 수 있는 상품이 있지만, 기본적으로는 월세 상품으로 접근해야 합니다.

많은 경우 오피스텔은 아파트보다 시세가 천천히 오르는 경향이 있지만, 중심 상업지구나 역세권 등 입지가 좋은 곳에 있기에 전세 수요는 굉장히 높습니다. 그렇기 때문에 갭 투자를 하기 좋은 환경인 경우가 많지요. 치솟는 전세가가 매매가마저 밀어 올리는 경우도 꽤 있고요. 이런 식으로 시세차익을 얻을 수 있는 경우도 제법 있는 것이지요. 문제는 그다음입니다. 많은 분들이 그렇게 시세가 어느 정도 오른 상황에서 매도와 보유의 갈림길에 섭니다.

이럴 때는 사실 다시 기본으로 돌아가는 게 맞습니다. 월세를 받을 수 있다면 보유가 맞고, 그게 아니라 또 한 단계의 시세 상승을 바란다면 매도 후 아파트로 갈아타는 게 나은 것이죠. 추가로 더 오를 수도 있겠지만 이미 한 차례 상승을 한 뒤라 시간이 많이 필요할 가능성이 높습니다. 오르는 데 한계도 있을 거고요. 또 취득세와 재산세 등이 주택보다 비싸기 때문에 아파트처럼 거래가 활발하지 않습니다. 그러므로 매수 희망자가 있을 때 적절한 가격에 매도하는 것이 유리합니다.

신축이라면 상대적으로 리스크는 덜합니다. 하지만 7년이 넘은 오피스텔이라면 더욱더 매도 쪽으로 생각해야 합니다. 오피스텔은 아파트보다 신축을 선호하는 경향이 높고 세탁기, 에어컨, 인덕션 등 전자제품 기본 옵션이 고장 나는 시기도 다가오기 때문입니다. 여러 세입자가 거쳐 간 오피스텔은 아무래도 전자제품이 관리가 잘 안 되는 경우가 많습니다. 적은 비용이 아니므로 반드시 그런 옵션의 교체 시기까지 고려해야 합니다.

정말 입지가 좋다면 그리고 주변에 경쟁 상품이 별로 없다면 오피스텔 연차가 좀 되더라도 문제 될 것이 없습니다. 월세도 시세도 계속 안정적으로 오르는 오피스텔도 분명 존재하니까요.

한마디로 정리하면 이렇습니다. 오피스텔은 지하철역에서 도보 5분 이내에 위치한 초역세권이어야 하고, 인근에 추가로 오피스텔이 공급될 만한 땅이 없어야 하죠. 두 조건을 가진 오피스텔이라면 앞서 했던 일반적인 얘기 따위 그냥 무시하면 됩니다. 오피스텔이라고 무조건 말리는 사람들의 말은 귀담아들을 필요 없습니다.

주거용 오피스텔과 업무용 오피스텔

많은 사람이 헷갈리는 것이 주거용 오피스텔이 주택에 포함되는지 여부입니다. 기본적으로 국토교통부의 구분 체계 안에는 주거용 오피스텔이란 말 자체가 없습니다. 모든 오피스텔은 업무용인 거죠. 그래서 등기부등본과 건축물대장에도 업무용으로 표기됩니다. 당연히 오피스텔을 소유하고 있다고 해도 다른 주택이 없으면 무주택자 자격이 유지됩니다.

하지만 세금 체계에서는 주거용 오피스텔과 업무용 오피스텔이 구분됩니다. 주거용으로 신고했다면 재산세를 낼 때도 주택처럼 취급하고, 양도소득세를 낼 때도 마찬가지로 적용합니다. 물론 취·등록세를 낼 때는 또 그런 구분이 없습니다. 그 밖에 부가세 등 각종 세금 문제가 복잡한 편이니 오피스텔은 분양을 받을 때나 일반 매수를 할 때는 세금 문제를 더 꼼꼼히 확인해야 합니다. 최근에는 '아파텔'이라는 마케팅 용어를 사용하는 오피스텔도 많이 공급되고 있습니다. 법적으로는 오피스텔이지만 사실상 아파트와 거의 같은 상품입니다.

그렇기 때문에 상품 차이보다 입지 차이를 봐야 합니다. 건설사들이 아파트를 못 짓는 상업지역에 오피스텔을 공급하고 있기 때문입니다. 최근 오피스텔의 인기가 높아지는 이유도 이런 맥락에서 봐야 합니다. 물론 좋은 점만 있는 건 아닙니다. 주거지역으로 분류되지 않아서 학교 설치의 의무가 없습니다. 그래서 대규모 오피스텔 단지가 여럿 들어왔는데도 학교가 하나도 없는 지역도 존재합니다.

어쨌건 이런 트렌드는 앞으로도 계속될 것 같습니다. 예를 들어 위례, 광교 등 2기 신도시나 고양시 삼송과 같은 신규 택지지구에서도 아파텔이 좋은 입지를 차지했습니다. 또 1기 신도시인 일산에도 킨텍스와 한류월드 주변에 여러 아파텔 단지가 성공적으로 분양되었습니다. 산본에도 20년 만에 오피스텔이 공급되었는데, 성공적으로 분양되었습니다. 1기 신도시는 교통, 상권, 환경, 교육 등 모든 요소가 굉장히 좋기 때문에 새 부동산이라는 이유 하나만으로도 각광받을 수 있습니다.

아파트보다 꼼꼼하게 살펴라!

오피스텔 투자 시에는 입주 물량도 잘 봐야 합니다. 2018년까지 서울에 2만 세대가 입주한다고 하는데 시장에서 소화가 가능한 수준인지 잘 판단해봐야 합니다. 직장인의 수요가 많은 지역이거나 역세권 오피스텔이라면 공급이 많더라도 크게 문제가 될 것 같지는 않습니다.

또 하나 기억해둬야 할 것은 월세 상승에 한계가 있다는 점입니다. 수익률도 점점 떨어지고 있습니다. 현재 서울 도심의 오피스텔 수익률은 3~5%로 굉장히 낮은데, 서울을 벗어나면 수익률이 7~8%까지 가는 지역도 있습니다. 서울 수익률이 낮은 이유는 월세는 오르지 않는데 매매가만 많이 올랐기 때문일 겁니다. 도시형 생활주택, 셰어하우스, 다세대·다가구주택 등 오피스텔을 대체할 수 있는 다른 주거 형태가 많이 생긴 탓도 있고요. 그래서 젊은층에게는 오피스텔 투자를 추천하기 힘듭니다. 대출 없이 오피스텔을 사서 월세를 온전히 수익으로 삼을 수 있는 중장년층이라면 괜찮을 것 같은데, 그렇지 않은 경우라면 별로 이점이 없는 것이죠.

조금 더 현실적인 조언을 하자면, 신규 분양을 노리기보다는 입지 경쟁력 및 상품 경쟁력이 확인된 시점에 들어가는 편을 추천합니다. 아파트보다 리스크가 더 크므로, 활성화되는 걸 검증한 후에 들어가야 안전한 투자를 할 수 있습니다. 수익률이 좀 낮아지더라도 그게 훨씬 낫다고 생각합니다. 또 가급적 지방 오피스텔 투자는 피하는 것이 좋습니다. 수도권과는 달리 입지가 엄청나게 좋더라도 지방에서는 잘 먹히지 않는 경우가 많습니다. 주변에 땅도 많아, 단기간에 공급이 늘어날 가능성도 높기 때문입니다. 그러면 공실이 많을 수밖에 없지요.

겉모습은 빌라처럼 생겼는데, 실제로는 오피스텔로 등록된 상품도 제법 있습니다. 빌라인 줄 알고 계약했다가 취득세를 4.4% 내야한다는 걸 뒤늦게 알게 되는 경우도 있다고 합니다. 이러한 이유로 오피스텔은 좀 신중하게 접근하는 것이 좋습니다. 숨은 함정이 많은 상품입니다.

그렇다고 너무 부정적으로 보거나 어렵게만 바라볼 필요는 없습니다. 오피스텔 역시 가장 중요한 건 입지니까요. 오히려 아파트보다 입지가 더 중요할 수 있으니 더 꼼꼼히 따지고 공부할 기회가 되기도 할 겁니다. 그리고 오래된 건물에 대한 선호도가 아파트에 비해 더 심하게 떨어지므로 매수 타이밍보다 더 중요한 게 매도 타이밍이라는 사실도 잊지 말기 바랍니다.

 7년이 넘은 오피스텔이라면 매수 희망자가 있을 때 적절한 가격에 매도하는 것이 유리합니다.

 입지가 좋고 주변에 경쟁 상품이 별로 없다면 연차가 좀 되더라도 문제 될 것이 없습니다.

 오피스텔도 입지입니다. 일자리와 교통이 모이는 곳이 어딘지 상상해보세요.

1인 가구의 증가로 뜬 셰어하우스

몇 달 전부터 네이버 부동산에도 '셰어하우스' 항목이 새로 생겼습니다. 그만큼 수요가 늘어났기 때문이겠지요. 새로운 틈새시장으로 떠오르고 있다고 판단해도 좋습니다. 쉽게 생각하면 대학가 하숙이 진화한 형태라고 볼 수도 있겠습니다. 예전 MBC 시트콤 〈남자 셋 여자 셋〉이 하숙집 풍경을 그렸다면, 최근 방영한 JTBC 드라마 〈청춘시대〉는 셰어하우스의 풍경을 그렸지요. 드라마가 현실을 얼마나 실감 나게 반영했을까 싶지만, 그래도 〈남자 셋 여자 셋〉의 하숙집 풍경보다 〈청춘시대〉의 셰어하우스 풍경이 훨씬 더 사실적이라고 하더라고요.

우리나라에서 셰어하우스 개념이 등장한 것은 2014년쯤입니다.

마포 빌라에 사는 직장인 세 명이 각자 20만 원씩을 부담해서 함께 살던 것이 시초로 알려져 있습니다. 한 명이 먼저 계약을 한 후에 나머지 두 명을 구하는 방식이었습니다. 물론 그때까지만 해도 보편적이지는 않았습니다.

세입자가 다른 세입자를 구하는 방식이므로 일종의 '전전세' 개념인데, 따지고 보면 새로운 방식도 아니죠. 호주처럼 집세가 굉장히 비싼 나라에서는 유학생들이 집을 먼저 빌리고 세입자를 구하는 식으로 집세를 절약하곤 했습니다. 그러던 것이 최근 한국에서는 집주인이 주도적으로 셰어하우스를 운영하는 방향으로 바뀐 것이죠. 그뿐만 아니라 셰어하우스로 세를 받고 싶은 집주인과 셰어하우스에 살고 싶은 세입자를 연결해주고 집주인을 대행하여 운영까지 해주는 셰어하우스 전문 업체도 생겨 크게 성장 중입니다. 대표적인 업체가 '우주'와 '이음'이지요. 셰어하우스가 새로운 비즈니스 모델로 확장해가고 있는 셈입니다.

새로운 라이프스타일의 탄생

단순히 n분의 1 개념이 아니라 라이프스타일과 취미가 비슷한 사람끼리 하우스를 공유하는 경우도 생기고 있습니다. 인적 네트워크를 형성해서 양질의 정보 교환도 하고, 관심사나 취미까지 함께하는 것이죠. 사실 외국에는 이런 사례가 예전부터 꽤 많았습니다. 뉴욕에서는 한 건물을 통째로 주식 투자 관련 사람들에게 임대하는 셰어하우스도 있습니다. 경쟁이 치열해 대기자까지 있다고 합니다, 관심사가 비슷하고, 또 정보를 공유할 수 있는 사람들과 함께 살면, 서로 얻을 수 있는 점이 많을 것 같네요.

셰어하우스가 뜨는 이유 중 하나는 1인 가구의 증가입니다. 주차를 비롯하여 생활환경이 전반적으로 편리한 오피스텔에서 자취를 한다면 월세, 관리비, 각종 공과금을 포함하여 한 달에 1백만 원이 훌쩍 넘는 비용이 듭니다. 그런데 바빠서 집이 잠만 자는 공간에 불과한 경우도 많기 때문에, 비싼 비용을 지불하면서 쾌적한 오피스텔에 거주하는 것이 너무 아까운 것이죠. 그렇다고 비용을 확 줄이면 그보다 쾌적하지 않은 주거 공간을 찾아야 하는데, 그러고 싶지는 않은 것이죠. 또 혼자 사는 여성은 크건 작건 안전상의 문제도 많이 느낀다고 합니다. 어두운 골목길 안 원룸에 살면 더 그렇겠지요.

이런 딜레마를 겪는 젊은 세대가 많기 때문에 셰어하우스가 각광을 받고 있는 것입니다. 방은 혼자 쓰면서도(방을 셰어하는 경우도 있습니다만) 거실, 화장실 등 공용 공간은 함께 쓰기 때문에 적은 비용으로 넓은 공간을 쓸 수 있는 것입니다. 경제적으로도 이득이고, 주거환경 면에서도 이득인데, 앞서 소개한 것처럼 라이프스타일을 공유할 수 있는 사람들까지 알게 된다면 정말 더할 나위 없이 좋지요.

물론 장점만 있는 건 아닐 겁니다. 함께 쓰는 공간이 많으니 서로 불편한 일도 있을 거고, 가족이나 친구도 마음대로 데려오지 못하고, 행여 마음이 맞지 않는 사람이 있으면 집에 있는 것만으로 스트레스가 될 수도 있겠지요. 관리가 잘 안 되는 셰어하우스도 얼마든지 있을 수 있고요.

셰어하우스 투자자는 이런 것에 깊이 고민하는 게 굉장히 중요합니다. 젊은 세대가 셰어하우스에서 기대하는 바와 우려하는 바를 정확하게 이해해야 안정적으로 운영하고 월세 수익도 올릴 수 있기 때문입니다. 무조건 싸면 될 거라는 안이한 생각으로 고시원보다 못한 주거 공간을 셰어하우스로 운영하는 사람도 있습니다. 저렴하다는 장점 때문에 사람이 들어오겠지만, 오래 거주하는 사람이 없으면 안정적인 운영은 불가능합니다.

그러면 한국에서 가장 대중적인 주거 형태인 아파트에서 셰어하우스를 해도 괜찮은 걸까요? 실제 아파트에서 셰어하우스를 하는 분도 있다고 하는데, 엄밀히 따지면 합법과 불법 사이의 경계에 있습니다. 아파트에서는 수익 사업을 하기가 어렵기 때문입니다. 무엇보다 주민들이 싫어해 민원이 많이 생깁니다. 법적으로 규제의 대상이 되는 건 아니지만, 이웃 주민과의 갈등 때문에라도 아파트에서 셰어하우스를 운영하기란 굉장히 어려운 일입니다. 그래서 현재 대부분의 셰어하우스는 대학가 근처나 역세권의 다세대 주택입니다.

얼마 전 9호선 언주역에 셰어하우스와 게스트하우스를 합친 전용 건물이 생겼습니다. 장기간 함께 지내는 사람들이 사는 셰어하우스와 새로운 사람들이 계속 유입되는 게스트하우스를 합치니 활기가 대단하다고 하더라고요. 지하 카페에서 파티도 할 수 있어서 그런 문화를 즐기는 젊은 세대에겐 인기가 상당합니다. 또 8호선 석촌역 인근에 들어선 마이크로 하우징이란 건물은 아예 처음부터 셰어하우스 콘셉트로 만들어졌습니다. 14개의 유닛이 있는데 유닛을 합칠 수도 있다고 합니다. '따로 또 같이'를 표방하는 셰어하우스의 가치를 기술적으로도 실현하고 있다고 볼 수 있네요. 앞으로도 이런 건물은 점점 더 늘어날 겁니다.

셰어하우스 수요자를 파악하라

주로 대학생이 살았던 하숙과는 달리 셰어하우스는 직장인 비율이 절반 가까이 된다고 합니다. 소득이 높은 전문직 직장인의 관심도 높은 편인데, 그들은 비싼 비용을 지불하고서라도 특화된 셰어하우스에서 살기를 원할 겁니다. 그러니 차별화된 가치와 서비스를 제공한다면 고부가가치 서비스로도 활용할 수 있겠지요. 이미 그런 고급 시장으로 진출한 업체도 있습니다. 한강이 보이는 고급 아파트에 자리 잡고 입주조건을 걸고 면접까지 보는 셰어하우스도 있다고 합니다.

지금 추세라면 1인 가구는 5~10년 안에 50%에 육박할 것입니다. 다주택 투자자는 1인 가구 위주로 재편되는 부동산 시장에 더욱 적극적으로 대응해야 합니다. 개인보다 법인이 운영하는 게 유리한 측면도 있습니다. 공실이 났을 때 보상 문제나 세금 문제도 있고, 홍보와 마케팅의 중요성도 크기 때문입니다. 법적으로도 운신의 폭이 좀 더 큽니다. 예를 들어 한 부부가 건물을 지으면서 1층에 카페를 만들어 운영하고 그 위에 셰어하우스를 운영했습니다. 카페에서 밥까지 제공했기에 입주 경쟁이 치열했다고 합니다. 이런 식으로 특별한 콘셉트를 가지고 운영하면 셰어하우스를 넘어 복합적인 비즈니스 모델이 탄생할 수도 있습니다. 해외에서는 음식점, 공연장 등 훨씬 더 다양한 복합문화공간을 셰어하우스에 끌어들인 경우도 많습니다. 이런 것만 봐도 법인으로 접근하는 게 훨씬 더 유리하다는 걸 알 수 있습니다.

정부도 청년들의 주거 문제를 해결하는 방안으로 셰어하우스를 지지하고 있습니다. 현재 월세를 받는 주인들은 대부분 세금을 안 내고 있지요. 그런데 셰어하우스는 노출이 될 수밖에 없기에 세금을 걷는 데 더 용이합니다. 1인 가구가 폭발적으로 증가하고 있고 청년 주거 문제도 심각해지고 있는데, 셰어하우스는 여러 많은 문제를 한 번에 해결할 방안이 됩니다. 여기에 세금까지 투명하게 걷을 수 있으니 더할 나위 없는 거죠.

투자자는 앞으로 경매를 할 때도 셰어하우스를 염두에 두고 접근해야 합니다. 예를 들어 과거 대가족이 살던 엄청나게 큰 평수의 집이 경매로 나왔다면, 일반적으로는 그 집에 대한 수요가 적습니다. 하지만 셰어하우스로 접근하면 엄청난 수익을 확보할 수 있지요. 싸게 낙찰받아, 리모델링 공사를 하고, 법인화하여 셰어하우스를 만드는 겁니다.

부동산 시장이 점점 질적인 시장으로 변하고 있습니다. 단순한 갭투자의 실효성도 점점 더 떨어지고 있지요. 그 와중에 1인 가구의 증가는 우리 사회의 메가트렌드입니다. 셰어하우스가 새로운 시장을 형성할 수 있는 좋은 타이밍이죠. 시설의 차별성을 추구하는 것을 넘어, 서비스의 차별성까지 추구하는 전략적인 판단으로 급변하는 세상에서도 투자의 승자가 되길 바랍니다.

 젊은 세대가 셰어하우스에서 기대하는 바와 우려하는 바를 정확하게 이해해야 안정적으로 운영하고 월세 수익도 올릴 수 있습니다.

 앞으로는 경매를 할 때도 셰어하우스를 염두에 두고 접근해야 합니다.

 셰어하우스 투자는 증가하는 1인 가구 트렌드에 대한 이해가 반드시 선행되어야 합니다.

효과적인 임장을 위한 실용 꿀팁!

처음 부동산에 관심을 가진 사람들이 어려워하는 것 중 하나가 생소한 단어들입니다. 그중 하나가 '임장'인 것 같은데, 이 말은 무엇의 줄임말도 아니고 외국어도 아닙니다. 표준국어대사전에도 등재된 우리말이에요. 사전을 보면 "어떤 일이나 문제가 일어난 현장에 나옴"이라고 설명하는데, 부동산에서는 넓은 의미에서 '현장 조사' 정도의 말로 씁니다.

임장은 크게 경매 임장과 일반 매매 임장으로 나뉩니다. 경매 임장의 목표는 경매 물건을 직접 눈으로 확인하는 것입니다. 그 집에 집주인이 살건 세입자가 살건 환영받지 못하는 경우가 많기 때문에, 연기를 하는 경우가 많습니다. 가장 흔한 사례가 택배기사인 척하고 문을 열게 하는 거죠.

매매 임장은 상품보다는 입지를 보는 게 핵심 과제입니다. 자신이 잘 모르는 지역일수록 임장이 꼭 필요하고 교통, 환경, 학군 등 지역의 가치를 판단할 수 있는 요소를 꼼꼼히 점검해야 합니다.

하나의 관점으로 보지 마라

매매 임장을 갈 때 꼭 기억해둬야 할 격언 하나를 말씀드릴게요.

"시야를 180도로 하라!"

그러니까 임장에서는 어느 하나에 초점을 맞추는 건 좋은 전략이 아닙니다. 광범위하게 이것저것 다 잘 살피는 게 더 중요하지요. 그래서 녹음도 하고 영상도 찍고 사진 촬영도 하는 등 각종 도구를 적극적으로 활용하는 지혜가 필요합니다. 기록을 잘해둔 다음 돌아와서 임장 보고서를 만들면 두고두고 훌륭한 자료로 활용할 수 있지요.

빌라 임장을 갈 때는 아파트보다 더 꼼꼼히 살펴야 합니다. 누수문제, 옥상 방수 여부, 벽돌 상태, 지하주차장, 도시가스 여부 등 챙겨서 봐야 할 게 훨씬 더 많습니다.

상가 임장을 할 때에는 부동산 공인중개사의 도움을 잘 받는 게 특히 중요합니다. 만나서 얘기를 하다보면 이야기가 잘 통하고, 잘

해줄 것 같은 느낌이 오는 사람들이 있지요. 그런 첫 느낌이 좋은 사람은 타인과의 관계가 좋을 확률이 높고 좋은 물건을 가지고 있을 확률도 높습니다.

그 상권에서 가장 좋은 위치에 있는 부동산에 반드시 가봐야 합니다. 그리고 권리금이 가장 높은 곳을 물어봐야 합니다. 그러면 어느 정도 그 상권에 대한 그림이 그려지니까요. 또 상가는 건물의 전반적인 사항을 아는 관리소장을 포함하여 현장에 있는 다양한 사람을 만나 이야기 나누는 과정이 필요합니다. 하지만 그들 말을 100% 신뢰할 수는 없습니다. 현장에 있는 사람도 자기 물건이나 주변의 물건에 대해 잘 모르는 경우가 많기 때문입니다. 결국 상대의 말이 그럴듯한지 아닌지 판단하기 위해서는 스스로 공부를 해야 하는 것이지요. 여러 지역과 물건을 보고 비교할 수 있는 눈을 길러야 하는 겁니다.

그리고 부동산 소장은 남자 소장과 여자 소장을 골고루 만나보는 게 좋습니다. 꼭 그런 건 아니지만 일반적으로 남자 소장은 분석을 잘한다는 장점이, 여자 소장은 꼼꼼하다는 장점이 있습니다. 어느 한쪽이 놓치는 부분을 챙겨 들을 수 있는 거죠. 마찬가지 맥락에서 남자와 여자가 관심 있게 살펴보는 지점이 다를 수 있으니, 부부가 함께 임장을 가는 것도 좋은 방법입니다.

사전 준비도 철저하게

사실 임장은 실제 현장에 있을 때보다 가기 전에 준비하는 게 훨씬 더 중요합니다. 미리 철저히 조사하고 많은 것을 판단해야 현장에 가서도 다양한 것이 눈에 잘 보입니다. 준비 없이 임장을 가면, 뭘 봐야 할지 어딜 가야 할지 몰라 시간만 잡아먹고 허탕을 치기 일쑤 거든요. 그리고 사전 준비가 철저하면 좋은 물건을 발견했을 때 망설임 없이 살 수 있기도 합니다. 그러니까 임장은 공부를 많이 한 후에 현장에 가서 핵심만 확인하고 오는 식으로 진행해야 합니다.

다음 지도의 로드뷰나 네이버 지도의 거리뷰를 활용하면 인터넷으로 현장을 확인할 수도 있습니다. 결국 현장에 답이 있는 것은 분명한 사실이니, 효과적인 임장이 될 수 있도록 철저히 미리 준비하는 지혜가 필요합니다.

 매매 임장은 상품보다는 입지를 보는 게 핵심 과제입니다.

 상가 임장을 할 때는 부동산 공인중개사 역할도 중요합니다.

 임장을 할 때 사전 임장(손품)이 반드시 선행되어야 하며, 현장 임장에서는 사진과 동영상을 많이 찍어 기록하는 습관을 들여야 합니다.

분양권은 실거주로 접근하세요

by 해안선

분양권의 절대 강자,
'해안선의 투자 스토리' 블로그 운영자

갭 투자하기 힘든 환경이 되면서 분양권 투자에 대한 인기가 높아졌습니다. 갭 투자나 분양권 투자나 전체 매매가 혹은 분양가의 10% 정도 소액으로 투자할 수 있다는 공통점이 있으니까요. 하지만 저는 분양권은 실거주 측면에서 접근하기를 권하고 싶습니다. 분양권 당첨이야말로 내 집 마련의 기본입니다. 이를 위해 청약통장을 만드는 것을 포함해 여러 가지 조건을 맞춰야 합니다. 11·3 대책이 있던 2016년 말부터 시작된 부동산 규제 정책으로 무주택 실수요자들에겐 오히려 많은 기회가 생겼습니다. 다주택자들이 당첨될 확률이 그만큼 많이 줄었으니까요.

분양권 시장은 11·3 대책을 전후로 흐름이 많이 바뀌었습니다.

전체적인 분양 물량은 줄었는데, 입지와 상품성이 좋은 단지는 여전히 경쟁이 치열했습니다. 분양 시장에도 양극화가 생겼기 때문입니다. 입지 좋은 단지에만 사람들이 몰리는 경향이 커지고 있는 거죠. 서울 안에서도 마찬가지고, 신도시 내에서도 마찬가지였습니다. 파주 운정신도시도 비슷한 시기에 분양한 GTX 역세권 단지와 비역세권 단지의 성적표는 완전히 다릅니다.

참고로 최근 몇 년 동안 분양권 시장이 가장 뜨거운 곳은 부산이었습니다. 2017년 3월에 분양한 부산연지꿈에그린은 평균 경쟁률이 228 : 1에 달할 정도였습니다. 481가구의 주인을 찾는 데 무려 11만 개 가까운 청약통장이 몰렸습니다. 같은 달 분양한 해운대롯데캐슬스타도 평균 경쟁률이 57.9 : 1로 마감됐습니다. 그만큼 부산은 새 아파트에 대한 열망이 엄청나다고 볼 수 있겠지요.

실수요자들에게 특히 더 매력적이었던 경기도 고양시의 삼송3차 아이파크도 5일 만에 완판되었습니다. 삼송은 주변이 깨끗하고, 스타필드 고양, 이케아 등 상업시설도 계속 들어서 저도 실거주하고 싶은 마음이 들 정도로 매력적인 지역입니다.

2017년 분양 시장을 보면 이렇게 인기를 끈 단지도 많지만, 지역에 따라 단 한 명도 지원하지 않은 단지도 있을 만큼 양극화가 심했습니다. 부동산 시장이 불확실하다 보니 입지가 좋거나 향후 미래가치가 높은 지역으로 청약의 쏠림 현상이 두드러지게 나타나고 있는 겁니다.

첫 걸음은 분양 시장 흐름 파악부터

그렇다면 분양 시장에는 어떻게 접근하는 게 좋을까요? 입지가 좋은지 분양가가 적절한 수준인지 따지는 것이 가장 중요합니다. 그러기 위해선 그 지역의 과거 분양가를 파악하고, 또 시세가 어떻게 변해왔는지 흐름을 이해하고 있어야 합니다. 그래야 좋은 입지의 분양 단지를 기다리고 있다가 분양가가 나왔을 때 투자가치를 판단할 수 있습니다. 아무리 입지가 좋아도 가격이 터무니없이 높다면 투자의 매력은 줄어드니까요.

분양에 대해 말씀드리겠습니다. 아파트 분양은 LH나 SH에서 공급하는 공공분양과 민간 건설사에서 공급하는 민간분양이 있습니다. 공공분양이나 민간분양 모두 일반공급과 특별공급이 있지요. 신혼부부나 생애 최초로 내 집 마련을 하는 사람이라면 민간분양보다는 공공분양이 유리하고, 일반공급보다는 특별공급이 유리합니다. 일단, 이걸 알고 나면 분양에 더 쉽게 다가갈 수 있습니다. 좀 더 자세히 알아볼까요?

공공분양은 전체 세대의 65%가 특별공급입니다. 그만큼 신혼부부, 다자녀 가구, 노부모 부양, 생애 최초 주택 구매자에게 유리한 제도입니다. 특별공급은 자격만 되면 누구나 신청할 수 있고, 경쟁이 발생하면 추첨으로 당첨자를 뽑습니다. 35%의 일반공급도 무주택자만이 청약할 수 있기 때문에 충분히 도전할 만합니다. 이때에는 청약통장 액수에 따라 순위가 정해지는데, 월 납입금이 10만 원까지만 인정되므로 오래 준비한 실수요자에게 기회가 돌아갑니다.

한편 민간분양은 특별공급 비율이 낮고, 가점제로 당첨자를 뽑는 경우가 많아서 젊은 세대가 당첨되기는 어렵습니다. 그래도 공공분양, 민간분양 모두 신혼부부 특별공급 비율을 2배 늘리기로 했으니 전보다 기회는 더 많아질 전망입니다.

참고로 아파트 분양은 민간택지지구냐 공공택지지구냐에 따라, 그린벨트 해제 지역이냐 아니냐에 따라, 투기과열지구냐 아니냐에 따라 다를 수 있으므로 원하는 분양 단지가 있으면 자격 조건을 꼼꼼히 따져봐야 합니다. 당첨이 됐는데 부적격자로 판정 나 불이익을 받는 경우도 의외로 많습니다. 전매 제한 역시 6개월, 1년, 5년 등 지역이나 단지에 따라 규정이 다르기 때문에 미리 파악하고 있어야 합니다.

또 최근 들어 중도금대출이 까다로워져 잘 살펴야 합니다. 과거에는 소득이 없어도 연대보증으로 쉽게 해주었는데, 이제 무직은 중도금대출이 어렵게 규제가 강화되었지요. 보증 건수에 대해서도 제한이 있고, 규제지역이냐 아니냐에 따라서도 조건이 달라지니 미리 상담을 통해 중도금대출이 가능한지 아닌지를 확인해야 합니다.

모델하우스 방문도 전략이 필요하다

마지막으로 모델하우스 방문 전략을 소개하겠습니다. 우선 아파트 단지도를 볼 때 가장 중요한 것은 일조권 파악입니다. 어떤 동이나 라인은 중층이어도 해가 하루 중 잠깐 들어오거나 거의 들어오지 않을 수 있습니다. 앞과 옆이 뻥 뚫려 일조권만 좋다면 저층도 나쁘지 않으니, 단지도를 보며 로열동을 파악해야 합니다. 또 강이나 호수, 공원이 있다면 조망이 가능한 동을 잘 파악해둬야 합니다. 자연환경은 삶의 질을 높여주기에 중요합니다. 단지별로 특성이 다르기 때문에 자세히 살펴보는 걸 추천합니다.

실수요자라면 단위세대 유닛 모형도 꼼꼼히 보는 게 좋습니다. 선호하는 구조인지, 마감재는 괜찮은 걸 썼는지 꼼꼼히 따져봐야 합니다. 실제 상품을 보지 못하고 모델하우스만 보고 판단해야 하는 선분양제도에서는 그것 말고 다른 방법이 없습니다. 그래도 요즘은 분양 단지마다 온갖 정보를 공유할 수 있는 커뮤니티도 발달되어 있으니, 잘 활용하면 많은 도움을 받을 수 있을 겁니다. 그러니 단위세대 유닛 모형과 모델하우스 커뮤니티를 적절하게 활용하는 지혜가 필요합니다.

오래된 아파트가 계속 늘어나는 만큼 새 아파트에 대한 인기가 날로 높아질 겁니다. 그만큼 분양권 투자는 점점 더 매력적인 투자법이 되겠지요. 물론 새 아파트라는 상품가치만 보고 입지가 좋지 않은 곳을 선택하는 우를 범해서는 안 됩니다. 특히 각종 특별공급 자격이 된다면 더 늦기 전에 꼭 분양권 당첨으로 내 집 마련의 꿈을 이룰 수 있길 바랍니다.

 분양권은 실거주 측면에서 접근하기를 권합니다. 중도금대출이 까다로워져 유의해야 하고, 실수요자라면 세대 유닛도 꼼꼼히 보는 게 좋습니다.

재개발 투자는 리스크 관리가 핵심입니다

by 붇옹산

『붇옹산의 재개발 투자 스터디』 저자,
'붇옹산의 부동산 스터디' 카페 운영자

재개발 투자는 정보가 제한적입니다. 법도 어렵고 지역 이슈까지 얽히면 더 복잡하지요. 제가 처음 '붇옹산의 부동산 스터디' 카페를 만든 이유는 정보를 공유하기 위함이었습니다. 공부한 걸 정리하려는 목적이 컸는데, 이것이 점점 확대되어 지금의 '붇옹산의 부동산 스터디'가 되었습니다. 사실 처음에는 카페가 이렇게 크지 않았습니다. 재개발이라는 게 부동산에서 핵심 테마는 아니니까요. 하지만 시간이 지나고 정보가 쌓이면서 이야기가 달라졌습니다. 재개발이 끝나면 아파트가 되고, 아파트가 되면 지역 정보가 생기니까요. 그러면서 자연스럽게 지역 게시판이 활성화하고 재건축에 대한 정보까지 나누면서 카페에 불이 붙기 시작했습니다. 그래서 지금처럼 재개발뿐만 아니라 부동산에 관심 있는 사람이라면 누구나 들어오는 카페가 된 것입니다. 역시 카페의 최고 장점은 살아 있는 지역 정보를 얻을 수 있다는 것 같아요. 지역 대립도 많고 상승론자와 하락론자의 대립도 심한 편이지만, 건설적인 토론의 장이 될 때가 많습니다. 그런 것들만 잘 살펴도 많은 공부가 될 겁니다.

재개발 투자를 알면 내 집 마련이 가까워진다

제 얘기를 좀 하자면, 2002년쯤에 처음으로 재개발에 관심을 가졌습니다. 그러다 2004년에 본격적으로 시작했는데, 그러니까 아예 처음부터 재개발로 부동산 투자의 세계에 들어온 겁니다. 2005년에 부동산 시장의 중심축이 재건축에서 재개발로 넘어갑니다. 오세훈 당시 서울시장의 뉴타운 50개를 만든다는 공약으로 서울 전역이 재개발 열풍으로 들끓던 시기입니다. 2008년에 글로벌 금융위기가 터지면서 부동산 시장이 단번에 정리됐지만요.

저는 부동산 재개발 투자가 여러분의 희망이 될 거라는 말을 하고 싶지는 않습니다. 그저 내 집 마련의 도구나 여러 투자 방법 중 하나 정도로 생각했으면 합니다. 그리고 정부가 아무리 공공주택 공급을 하겠으니 기다리라는 말을 해도 곧이곧대로 믿지는 말라는 말씀도 드립니다. 왜냐하면 정부에서 공공주택을 공급해줘도 내 몫은 없기 때문입니다. 내가 원하는 집을 얻으려면 지금 준비해서는 안 되고, 10년 전부터 미리 준비했어야 합니다.

저도 예전에 집을 사고 싶었을 때 분양권 당첨도 어렵고 분양권 전매도 막혀서 살 수 없었습니다. 그래도 어렵게 전매가 풀려 있는 곳을 찾아서 분양권을 샀고 지금도 그 집에 살고 있습니다. 그러다 40평대 아파트에 대한 로망이 생겨, 재개발 투자를 생각하게 된 겁니다. 이런 식으로 여러분도 재개발을 일종의 투자 도구로 생각하면 좋겠습니다.

리스크를 줄이려면?

재개발 투자는 리스크가 큽니다. 까딱하면 물건이 사라질 수도 있고, 어려운 법규도 많습니다. 부동산 중개업소에서는 이런 위험을 배제하고 듣기 좋은 얘기만 하는 경우가 많습니다. 결국 최종 판단은 본인의 몫인데, 말처럼 쉽지가 않습니다. 시중에 재개발 관련 책이 많이 나와 있는데, 제 책을 쓸 때는 투자자의 입장에서 필요한 부분을 정리해 쉽게 쓰려고 노력했습니다.

재개발 투자는 청약당첨이 어려운 사람에게 정말 좋은 기회입니다. 조합원 입주권을 구하는 것도 분양권을 구하는 것만큼 좋은 방법입니다. 재개발은 조합원들이 차지하고 남은 것을 일반분양하기 때문에, 로열동, 로열층을 가지려면 조합원의 분양권을 살 수밖에 없습니다.

재개발에서 가장 중요한 게 조합원의 지위입니다. 그런데 2010년 기준으로 조합원 지위에 대한 법적 해석이 달라져서, 경매로 잘못 사면 분양 자격이 없는 물건을 살 수도 있습니다. 그래서 경매로 재개발에 접근할 때는 더 주의해야 합니다. 재개발 사업의 주된 목적은 재산을 증식시켜 주는 것이 아니라, 노후한 주택지를 입주민을 위해 정비하는 것입니다. 그래서 조합원의 지위는 투기를 막기 위해 정해놓은 것이지요. 최대한 꼼꼼히 따져보고 사야합니다.

재개발 사업에서 관리처분계획은 내 땅을 내놓고 새로 아파트를 지어서 일부는 일반에 팔고, 일부는 내가 갖는 식으로 정산하는 것입니다. 말 그대로 계획이기 때문에 사전에 끝내야 합니다. 그런데 막상 시간이 흐르면 시장 상황이 좋아져서 추가 수익이 날 수도 있고, 정부 규제나 시공사 자재 가격 상승 등으로 수익이 줄어들 수도 있습니다.

그래서 리스크를 줄이기 위해 관리 처분 이후에 들어가라는 얘기도 많이 합니다. 실제로 성동구의 모 재개발 구역은 사업 분위기가 안 좋았을 때 관리 처분을 했고, 그래서 그 이후 입주권을 산 사람들이 수억씩 벌 수 있었습니다. 물론 그 반대의 경우도 있겠지요. 중요한 건 재개발도 결국 부동산이기 때문에 시장의 큰 흐름에서 벗어나지 않는다는 겁니다. 시장 흐름을 읽는 게 가장 중요하다는 거지요. 그러니 섣불리 판단하기보다 관찰자의 입장에서 냉정하게 시장 상황을 판단하기를 권합니다. 다양한 사람의 의견도 들어보고, 심도 있는 공부도 필요합니다.

 재개발 투자에서도 가장 중요한 건 부동산의 전체 시장 흐름을 읽는 것입니다.

3장
여전히 좋은 호재가 많은
한강 남쪽

강남구, 강동구, 강서구, 관악구, 구로구, 금천구, 동작구

강남구

강남구에 살지 않아도 많은 이가 강남구 정책에 관심이 많습니다. 지방에 사는 사람이라도 강남구에 관한 정책이 나오면, 두 귀를 쫑긋하게 됩니다. 그렇기에 꼭 짚고 넘어가야 할 지역입니다. 그럼, 강남구를 살펴볼까요?

40년간 대한민국 넘버원 강남구

여러분은 강남 하면 어떤 장면이 떠오르나요? 누군가는 대학교 입학 날 출신 지역별로 삼삼오오 모일 때 처음 강남을 접했을 것이고, 누군가는 신림동에 살며 함께 놀던 친한 친구가 압구정으로 이사를 가 강남을 알게 되었을 것입니다.

친구와 함께 무역박람회(현재의 코엑스)를 보러 갔다가 강북과는 다르게 반듯반듯하게 들어선 아파트를 보고 놀랐던 경험이 있을지도 모르겠네요. 다른 지역에서는 잘 볼 수 없는 레스토랑이 떠오르거나, 지나다니는 사람들 모두 옷이나 헤어스타일이 남달랐던 게 인상에 남았을지도 모릅니다. 단순히 돈이 많고 적음에 대한 이미지보다는 세련된 이미지가 더 먼저 떠오를 것입니다. 직장생활을 하며 강남에 대한 이미지를 쌓은 이들도 있겠지요. 김대중 대통령 시절 벤처, IT가 유행했을 때 도곡동, 양재동에 모여있는 사무실이 떠오를지도요.

강남, 개발을 시작하다

여기, 강남구가 이제 막 개발되기 시작할 즈음의 사진 한 장을 보면 참 재밌습니다. 강남구 압구정동 현대아파트 25동 앞에 한 아저씨

1978년 강남 개발 초기의 강남 압구정동 전경 ⓒ전민조, 눈빛출판사 제공

가 소를 끌고 밭을 갈고 있습니다. 이 땅은 지금 한 평당 얼마일까요? 사진 속 인물이 땅 소유주였다면 지금쯤 건물주가 되어있을 것입니다.

강남구의 개발을 얘기할 때 정주영 회장을 빼놓을 수는 없습니다. 강남 개발의 선두주자였고, 현대건설을 빼면 강남 개발에 대해 얘기할 게 별로 없기 때문입니다. 강남 개발의 시작은 엄밀히 말하면 한남대교 건설부터입니다. 한남대교는 1969년도에 준공했는데, 그 시기는 1967년에 만들어진 경부고속도로 덕분에 강남에 사람들이 많이 들어오기 시작할 무렵입니다. 당시 경부고속도로를 만든 게 현대건설이었습니다. 게다가 강남에서 제일 유명한 아파트가 압구정동 아파트인데 현대건설이 지은 아파트입니다.

개발되기 전 강남땅은 매우 척박했습니다. 한강 수심이 일정했던 게 아니라 높아졌다가 낮아졌다 했기에 홍수도 자주 났습니다. 사람이 살기에 적합하지 않았지요. 그러던 중 소양강댐이 한강 수위를 일정 높이로 조절할 수 있게 되어, 강남이 개발되기 시작했습니다. 토지가 갯벌이었기에 당장 매립을 해야 했는데, 그 앞에 있던 섬 하나를 부숴서 그대로 메꾸는 등 지금은 상상도 할 수 없는 방법으로 개발을 진행했습니다.

이렇게 개발을 했지만 막상 사람들이 오지 않으니 국가에서는 몇 가지 유인책을 내놓았습니다. 대법원과 검찰청을 서초구로 옮기고, 종로구, 중구에 있던 명문고도 강남으로 대거 이전시켰습니다. 당시 최고였던 경기고도 그중 하나이지요. 이렇게 이전한 명문고가 발전하여 후에 강남 8학군이 됩니다. 또한 지하철 2호선이 개통되며 사람들이 거주하기 편한 환경이 되었습니다.

주거와 일자리의 메카

서울시청통계사이트에서 현재 서울 일자리 종사자 수를 찾아보면 다른 지역보다 강남구가 월등하게 많습니다. 강남구가 약 70만 명이고 2등인 종로구, 중구는 약 30만 명입니다. 강남구가 종로구의 2배를 넘을 정도니, 어마어마합니다. 강남구 외에 서초구와 송파구를 합치면 거의 150만 명이 되기 때문에 웬만한 광역시 인구보다 많습니다.

그런데 처음부터 강남구 일자리 종사자 수가 이렇게 많았던 것은 아니었습니다. 강남은 정부의 유인책으로 주거지 역할은 했지만, 근로지로서의 역할은 하지 못했습니다. 근로지는 갑자기 움직이는 게 힘들기 때문에, 그 당시만 해도 일자리는 종로구, 중구에 몰려 있었습니다. 이럴 때 정부는 당근책을 펼칩니다. 지금도 수도권에 있는 산업단이 지방으로 가면 법인세, 취득세 면제를 해주는데, 그때도 강북에 있는 기업체가 강남으로 가면 세금이나 세무조사를 면제해주는 등 여러 정책을 시행하였습니다. 그러다 김대중 정권 때 IT 붐

강남구 거주 이유

단위 : %

■ 2011 ■ 2013 ■ 2015

옛날부터 살아와서	사업상 또는 직장 때문에	교육여건 때문에	교통이 편리해서	경제적 능력에 맞추어	기타
28.7 30.6 23.6	21.1 20.2 19.9	17.4 16.7 15.4	14.4 15.4 12.6	7.3 6.1 11.2	11.0 11.1 17.3

출처: 2015 강남구 사회조사보고서

이 일어 테헤란로가 부상하였습니다. 또 당시만 해도 압구정동보다 신당동 땅값이 더 비쌌을 정도로 강남 땅값이 저렴해서 강북보다는 강남이 접근하기 좋습니다.

강남 일자리 종사자 수가 늘어나는 현상은 삼성전자와 현대 자동차 본사가 강남으로 이전하면서 더 가속화했습니다. 이후 많은 벤처 기업과 중소기업 본사도 강남으로 오고, 사무실이 강남이 있지 않더라도 미팅을 하러 오는 관련업계 종사자가 더해져 지금은 매일 3백만 명이 넘는 사람들이 강남을 방문하고 있습니다.

그렇다면 현재 많은 사람이 강남구에 거주하는 이유는 무엇일까요? '강남구 사회조사' 결과에 따르면, 1위는 놀랍게도 '옛날부터 살아서'입니다. 2위는 '사업상, 직장 때문에', 3위는 '교육여건' 그 외에 '교통이 편해서', '경제적 능력에 맞추어서' 등이 있었습니다. 다른 지역 조사에서 '옛날부터 살아와서'는 5위권 안에도 들지 못했다는 것을 생각하면 더 재밌습니다. 직접 살아보니까 좋고, 그래서 재선택을 한다는 이야기인데, 그러니까 강남구는 정말 살기 좋은 곳인 겁니다. 사람들이 오해하고 있는 것 중 하나가 강남에 거주하는 사람들이 땅값이 올라 돈을 벌면 다른 곳으로 이사를 할 거라는 생각입니다. 그러나 강남 거주인 대부분은 원래 부자라서 땅값이 올라도 다른 곳으로 이동하지 않습니다. 그리고 그들의 자녀가 독립해도 강남구 내에서 이동합니다. 이렇게 외부에서 인구 유입이 되지 않아도 강남권 수요는 많은데, 이에 더해 외부에 사는 사람들까지도 강남에 들어가고 싶어 합니다. 그러니 강남 수요가 줄어들 일이 있을까요? 강남구는 공급으로 수요를 해소할 방법이 없습니다. 물리적으로 불가능합니다. 그걸 알고 정책을 만들어야 할 것 같습니다.

그럼 반대로 강남을 떠나는 이유는 무엇일까요? 경제적 이유가 가장 큽니다. 재건축 때문에 떠나는 사람도 있는데, 임차인으로 살다 보면 서울을 떠났다가 다시 들어오기가 힘듭니다. 가격 차이가 너무 크게 나기 때문입니다.

상상 초월 임대료, 강남역 빵 전쟁

강남역 빵 전쟁을 기억하시나요? 강남역 11번 출구 50m 거리에 뚜레쥬르와 파리바게뜨가 있었습니다. 그런데 2016년 5월에 두 군데 모두 다 철수했습니다. 나간 이유는 건물 임대료 때문이었지요. 파리바게뜨 월세가 원래 7천만 원이었는데, 5년 계약 기간이 끝나고 건물주가 1억 4천만 원으로 올려버렸습니다. 대기업도 몰아내는 건물주입니다. 파리바게뜨가 나간 자리에 현재는 뉴발란스가 들어와, 수익을 내기보다는 광고 수단으로 안테나 매장 역할을 하고 있습니다. 뚜레쥬르 자리도 임대료가 비슷할 텐데, 아직도 공실입니다. 이제 강남역 주변 대로변에는 수익 내기가 무척 어려워 개인 매장이 들어갈 수 없는 상태가 되었습니다.

조사한 바에 따르면, 양재도 강남권인데 그곳에 있는 10층짜리 건물도 임대료가 5천만 원 이하라고 합니다. 건물 한 채 임대료가 5천만 원이 안 되는데, 가게 하나의 임대료가 1억 4천만 원이면 어마어마한 것이죠.

매매가는 예상컨대 몇백 억 정도일 것입니다. 하지만 바보가 아니라면, 강남역 주변 건물을 파는 이는 없겠지요. 사실, 강남역에서 상가 투자를 논할 수는 없습니다. 이곳은 임대 수익으로 움직이는 시장이 아닙니다. 임대 수익은 별개이고 가치가 올라가기 때문에 거래하는 것입니다. 지금까지 주거는 시세차이, 상가는 월세 수익이라고 생각했는데 앞으로는 좀 바뀔 듯합니다. 서울은 땅값이 계속 올라가므로, 상가도 이제 시세차이까지 고려해야 합니다. 임대료는 기본이고 매각할 수 있는 타이밍과 매각 금액까지 예상한 이후 투자를 결정해야 합니다.

강남역 상권을 살펴보면 재미있는 점이 많습니다. 강남역은 남부

랑 북부로 나누는데, 남부는 삼성타워 있는 데서부터 우성아파트가 있는 사거리이고, 북부는 지오다노나 뉴욕제과가 있던 곳입니다. 전통적으로 북부가 강세였는데, 2009년 남부에 삼성타운이 입주하고 2011년에 신분당선이 들어오면서 서서히 그 영향력이 남부 상권 쪽으로 넘어오게 됩니다. 북부 상권에는 10~20대가 많이 오고, 남부 상권은 오피스 상권이기 때문에 소비 여력이 있는 30~40대가 주로 옵니다. 이런 이유로 4번 출구 맛집들이 줄줄이 정리하고, 남부로 이전 창업하는 사례가 늘어나고 있습니다. 또 이미 북쪽 임대료가 많이 올라갔기 때문에 이전하는 경우도 있습니다. 이렇게 되면 상권이 확장되는데, 상권 투자 계획이 있다면 이런 점을 잘 챙겨봐야 합니다.

또한 대기업 하나가 상권을 완전히 변화시키기에 대기업이 어디로 이동하는지도 눈여겨봐야 합니다. 일례로 서초 삼성타운이 들어선 곳은 강남구가 아니고 서초구인데 강남역 상권에 포함됩니다. 상권이 확장한 것이죠.

이런 일도 있었습니다. 삼성타운에서 삼성전자와 삼성물산 인원 중 일부가 다른 곳으로 이동했더니 근처 상권이 4~5개월 동안 휘청휘청했습니다. 이후에 삼성보험 인원이 들어왔지만, 삼성전자 쪽 사람들과 소비성향이 달라 완전히 회복되지는 않았다고 합니다. 남부 상권에는 롯데칠성 부지도 있습니다. 나중에 개발을 잘 한다면, 남부 상권이 또 한 번 활력을 되찾을 수 있지 않을까 기대해봅니다.

그 뒤가 아직 정돈이 덜 되어있는데, 아파트 재건축하는 것이 있습니다. 래미안서초에스티지, 래미안서초에스티지S인데, 여기도 기대해볼 만합니다. 대부분 반포나 압구정, 개포지구 쪽으로 눈이 가 많은 사람이 잘 모르는데, 알짜배기 단지가 서초동에도 있습니다. 눈여겨보면 좋습니다.

또 신분당선 연장 공사도 하고 있습니다. 강남~신사 구간은 신분당선 용산~강남 구간 중 1단계인데 이미 착공하여 진행 중이고, 신사~용산 구간은 2단계로 아직 기획 중입니다. 초기 계획에서는 동빙고동에 역을 내리려고 했는데 애매한 위치여서 동빙고역을 없애고 한남 3구역에 역을 하나, 한강중학교 앞에 하나를 만들자고 서울시가 제안한 상태입니다. 확정되면 진행을 해야 하는데, 미국기지가 아직 남아 있어 2018년 말까지 이주를 마친 후에야, 지질 검사를 시작할 수 있다고 합니다.

학원가가 부동산을 흔든다

학원가도 상권이므로 얘기하지 않을 수 없겠지요. 교육업계에 있는 사람이라면 누구나 사교육 1번지인 대치동에 프랜차이즈를 내고 싶어 합니다. 그곳에는 다른 지역에 없는 교육 정보가 많습니다. 그 점 때문에 다른 지역 학원가 사람들도 대치동에서 정보를 얻는 경우가 많습니다. 그만큼 수요가 큽니다.

예를 들어 서울에서 유명한 학원가가 목동, 중계동, 대치동이 있는데 목동, 중계동을 합쳐도 대치동을 못 따라옵니다. 목동이나 중계동은 셔틀버스를 운행하는데, 대치동은 그러지 않아도 사람들이 옵니다. 심지어 목동에 사는 학생이 대치동으로 학원을 다니는 경우도 있지요. 이것만 봐도 대치동 학원가의 어마어마한 위력을 알 수 있습니다.

배우는 것은 크게 다르지 않을 것 같은데 능력 있는 선생님이 많아서 대치동으로 모여드는 것일까요? 그렇다기보다는 정보가 많고 가르치는 방법이 다릅니다. 서울대를 보내는 방법이 천 가지가 있다면 대치동 학원가에서는 천 가지 방법을 알고 있는데, 다른 지역 학원가에서는 백 가지도 모릅니다. 학교에서는 열 가지도 모르고요. 사람들이 '대치동에 가니, 공부를 못 해도 서울대 갈 수 있네?' 하는 생각이 들게 합니다. 학생에 따라 맞춤 정보를 제공하고, 그에 맞게 가르치는 것입니다. 그리고 그게 단기간에 완성되는 것이 아니라, 꾸준히 쌓아야 해서 지속적으로 대치동을 갈 수밖에 없는 것입니다.

그렇다면 대치동이 처음에 학원가가 된 이유가 뭘까요? 우리나라 10위권 안에 있는 중학교가 대치동에 포진되어 있기 때문입니다. 그 중학교에 배정받으려면 해당 아파트에 살아야 하는데, 거리 하나 차이로 배정받는 학교가 달라져 워낙 민감합니다. 그래서 학부모가 직접 교육청에 전화하여 알아보는 경우가 부지기수입니다. 예를 들면 역삼동 학군에 역삼중학교가 있는데 이 학교도 좋지만 대치동 학군에 있는 대청중학교나 휘문중학교보다는 조금 밑이기 때문에 길하나 차이로 아파트값이 많이 달라집니다.

현재 정부는 특목고와 자사고 폐지를 검토하고 있습니다. 그동안은 특목고에 가면 반드시 강남권 학교에 가지 않아도 괜찮았지만, 만약 실제로 특목고가 폐지되면 좋은 학교가 있는 강남으로 더 몰리게 될 것입니다. 서울대를 제일 많이 보내는 곳으로 유명한 대원외고는 광진구에 있는데, 사라지면 다시 휘문고가 가장 인기 있는 학교로 부상할 것입니다. 강남구이니 교육 얘기까지 하는 것이고 다른 지역은 교육 문제가 이렇게까지 집값을 좌지우지하지 않습니다.

그런데 대치동 학원도 옛날말이고 학원의 수가 점점 줄고 있습니다. 아이들 수가 줄어 메가스터디, 대성학원과 같은 프랜차이즈 학원도 줄었고, 규모가 작고 이름도 생소한 학원이 많이 생겨나고 있습니다. 소규모 학원이라고 해서 동네 보습학원을 말하는 건 아닙니다. 세세한 부분을 짚어주는 맞춤 교육을 해 인기가 오히려 높습니다. 반대로 기존의 보습학원은 폐점을 많이 하고 있지요. 대형학원도 그 수가 줄어들고는 있지만, 변화에 적응하여 새로운 방향을 모색하고 있기에 완전히 사라지지는 않을 것입니다.

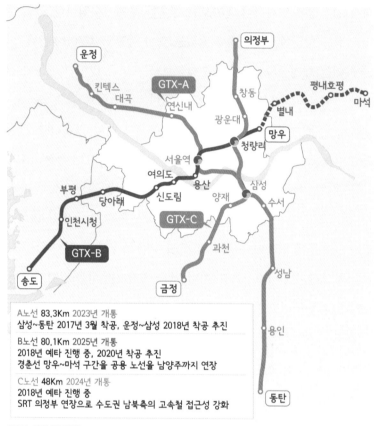

GTX 노선 및 진행 현황

10조 원의 가치, 삼성역 한전 부지

최근 관심이 집중되고 있는 삼성역은 대한민국에서 가장 비싼 땅이
될 것입니다. 삼성역은 크기에 비해 유동인구가 너무 많아 '명절 전
후와 밸런타인데이, 크리스마스에는 삼성역에 가면 안 된다'는 말이

삼성역 코엑스 일대. GTX-A 노선과 C 노선, 영동대로 복합환승센터, 현대자동차 신사옥 건립 등 대형 호재가 몰려 있는 대한민국 최고의 입지.

생길 정도입니다. 이런 곳에 곧 복합환승센터가 생기면서 5개 노선이 지나가게 됩니다. 복합환승센터가 생기려면 일단 철도가 들어와야 합니다. GTX-A, C 노선부터 위례-신사선까지 모두 8개 철도가 들어설 예정입니다.

전남 나주로 이전하여 팔게 된 삼성역 근처 한국전력 부지를 현대자동차그룹이 10조 3천억 원에 샀습니다. 삼성전자는 현대자동차그룹 다음으로 가격을 높게 썼는데, 4조 8천억 원이었습니다. 언뜻 생각하면 현대자동차가 금액을 너무 높게 부른 것 아닌가 하는 생각이 들지만 찬찬히 살펴보면 꼭 그렇지만도 않습니다. 삼성역이나 강남역 정도 전철역 하나의 가치는 1조 5천억 원이라고 합니다. 여기에 8을 곱하면 적정가치인데 10조 원이 넘습니다. 현대자동차그룹은 꼭 낙찰을 받고 싶었던 것이고, 삼성전자는 그렇지 않았던 것으로 해석할 수 있습니다. 105층 현대자동차 빌딩이 완성되면, 왼쪽에는 코엑스, 오른쪽에는 잠실주경기장이 있어서 그 자체로 하나의 도시처럼 될 것입니다. 지금부터 10년, 20년 후면 10배, 100배 정도의 가치가 있을 것으로 예상하기에 세간의 조롱과는 달리 현대자동차그룹의 선택은 잘한 것일 수 있습니다.

2017년 하반기부터 강남구 땅값이 엄청나게 올랐고, 투기지역으로 지정됐습니다. 강남구는 일반인에게 너무 부담스러운 가격이라 돈이 있는 사람들이 들어갑니다. 투자자든 실수요자든 돈이 있는 사람들이기 때문에 가격이 변동해도 버틸 수 있는 능력이 있습니다. 그래서 이곳은 가격이 내려가도 그 현상을 있는 그대로 해석하면 안 됩니다. 강남구와 다른 지역 가격을 비교하는 건 무의미합니다. 강남구가 평당 5천만 원이니, 옆 동네도 평당 4천만 원은 되겠다고 생각하면 안 되지요.

재건축이 진행되는 개포동도 눈여겨봐야 합니다. 개포지구는 지금까지 근처 역삼동, 대치동, 도곡동에 무시를 당했는데 재건축이 되고 나면 새 아파트인 데다가 가격도 비싸지기에 위상이 높아질 것입니다. 판자촌이 사라지고 친환경도시로 개발될 구룡마을도 핫플레이스로 떠오르고 있습니다. 2020년까지 2,692세대의 공공분양 아파트 및 임대 아파트가 들어선다고 하니 실수요자라면 관심을 갖고 지켜보는 게 좋겠습니다.

강남구는 삼성동만으로도 호재가 넘칩니다. 호재를 잘 기억하고 눈여겨보면, 투자할 때 큰 도움이 될 것입니다.

 강남구는 삼성역 개발 하나만으로 다른 지역의 호재를 모두 압도합니다.

 70만 일자리라는 통계 하나만으로 강남구의 프리미엄이 얼마나 대단한지 설명할 수 있습니다.

 강남은 지금도 좋지만, 교통, 일자리, 상권, 주거, 쾌적성 등 모든 환경이 앞으로 훨씬 더 좋아질 예정입니다.

강동구

강동구는 서울 변두리 지역이라는 이미지가 강했는데, 이제는 아파트 시세도 많이 올라가고, 새 아파트도 많이 들어서면서 이미지 변신을 하고 있습니다. 변신을 거듭하는 강동구 지금부터 알아볼까요?

서울시가 공인한 강남4구 강동구

강동구, 강남4구입니다. 지금까지는 강남3구에 추가로 강동구를 넣어야 할지 말지 고민이 많았습니다. 그런데 최근 서울시가 발표한 2030 서울시 생활권 계획에서는 서울을 5개 권역으로 묶고, 그중 동남권은 서초, 강남, 송파, 강동이라고 정의했습니다. 드디어 강남 4구를 서울시가 공인한 것입니다.

왜 그랬을까요? 한마디로 말하면, 강동구가 옛날보다 좋아졌기 때문입니다. 옛날에는 서울 변두리 지역이라는 이미지가 강했는데, 이제는 아파트 시세도 올라가고, 새 아파트도 많이 들어섰습니다. 또 취약했던 일자리와 상업시설 그리고 교통도 앞으로 더 좋아질 전망입니다.

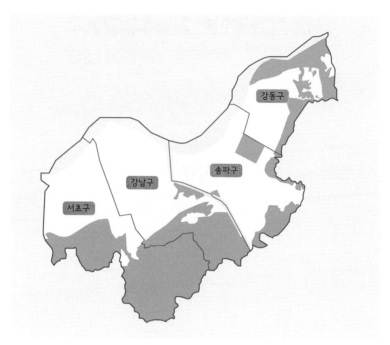

2030 서울시 생활권 계획에서 동남권으로 한 데 묶인 강남4구

천호(千戶)가 살 수 있을 만큼 좋은 부지, 천호동

강동구에서 가장 유명한 동은 바로 천호동입니다. 천호동에서 '천호'는 어떤 의미일까요? 역사적으로 강동구는 서울에서 사람이 가장 먼저 살았던 곳입니다. 백제의 첫 수도 위례성도 강동구 근처였습니다. 서울의 구 중에서 가장 오래된 지역입니다. 그때 그 땅을 '가히 천호(千戶)가 살 수 있을 만큼 좋은 부지'라고 했습니다. 천호

는 천 개의 집입니다. 지금은 천 세대가 넘는 단지도 많으니 별 느낌이 없을 수도 있겠지만 당시 기준에 천호면 도시 하나였습니다. 즉, 하나의 도시가 생길 만큼 넓고 평평하고 좋은 입지라는 뜻입니다. 만약 지금 다시 작명한다면 백만호(百萬戶)동이라고 하지 않았을까요?

천호동은 상권도 엄청납니다. 특히, 로데오거리의 먹자골목과 유흥문화가 유명합니다. 현대백화점이 있는데도 먹자골목의 위상이 큽니다. 여러 유흥업소와 천호시장, 도깨비시장이 함께 있어 소비층도 다양합니다. 이처럼 유동인구가 많은 복합 상권인데도, 더 확장되지는 못했습니다. 바로 천호뉴타운 때문입니다. 그런데 이제 1구역, 2구역, 3구역만 남고 나머지는 해제됐으니 더 멋지게 발전하지 않을까요?

뉴타운도 결국 재개발 사업이기에 상업시설이 많은 지역은 이해관계가 복잡하여 개발이 더딥니다. 천호동은 상권이 워낙 강한 지역이며 특히 재래 상권이 발달했기 때문에, 상가 주인들은 고급 상권이 들어갈 필요가 없다고 생각했겠지요. 그러나 오랜 시간이 지났고 예전보다는 상권이 줄었기 때문에 지금은 추진될 수 있을 것 같습니다. 천호동 상권은 남성이 많이 찾았는데, 정비가 되면 여성층이 좋아할 깔끔한 상권이 될 테고 그 전과는 다른 위상을 갖출 것입니다. 그러면 주변 정비 사업도 한층 탄력을 받게 될 것입니다.

1980년대 전후에 입주한 아파트의 변신

강동구는 재건축이나 재개발 이슈가 많습니다. 서울에는 몇 개의 대형 택지지구가 있습니다. 강남권의 강남구, 서초구도 그렇고 강동구도 마찬가지입니다. 둔촌주공이나 고덕주공 등 여러 주공 아파트와 일반 아파트가 많았는데 대부분 다 1980년 전후로 입주했습니다. 지은 지 30년이 훌쩍 넘었기 때문에 낡았지요. 그래서 한두 단지씩 재건축되고 있습니다. 그곳에 2~3년 안에 2만2천 세대 정도가 새로 입주한다고 합니다. 엄청나지요. 단기간에 이처럼 대규모로 입주하는 곳은 서울에서 강동구가 유일합니다.

성내동은 송파구와 인접한 동인데, 안타까운 점은 올림픽공원을 누릴 수 있는 아파트가 많지 않다는 것이지요. 다세대 빌라 위주라, 대부분 알 만한 유명 아파트가 없습니다. 입지를 찬찬히 살펴보면 개발하는 사람이 보기에는 조금 더 비싼 집들이 있어도 좋을 곳입니다. 처음에 만들 때 그것까지 고려했으면 더 좋지 않았을까 하는 생각이 듭니다. 더 많은 사람이 좋은 환경을 누리지 못하는 게 안타깝기는 하지만, 서울시에 있는 공원 중에서 가장 좋은 올림픽공원을 이용할 수 있다는 건 아주 큰 장점입니다. 실제로 성내동에 가보면 굉장히 깔끔하게 정비된 빌라촌이라는 느낌을 받을 수 있습니다. 최근에는 올림픽공원의 청룡교 맞은 편, 강동구청 근처에 JYP엔터테인먼트 신사옥이 공사 중입니다. 한류를 이끄는 대형 연예기획사의 이전은 눈여겨봐야 합니다. 특히 상권에 미치는 영향이 큽니다. 예를 들어 JYP 앞에 있는 편의점이 굉장히 장사가 잘된다고 합니다. 유동인구가 많아지는 곳이니까 당연히 편의점 입지가 좋을 것이고, 나중에는 프리미엄이 많이 생길 듯합니다.

둔촌동에서는 둔촌주공아파트를 꼭 짚고 넘어가야 합니다. 둔촌 주공은 이주 마무리 단계로 이주가 끝난 후 착공에 들어갑니다. 원래 재건축 조합원 지위 양도는 금지인데 둔촌주공은 가능합니다. 8·2 대책 이후로 매도, 매수는 거의 잠잠하지만 어떻게 보면 지금 강동구에서 제일 좋은 입지입니다. 이곳은 강동구이지만, 송파구 생활권이고 올림픽공원도 가까이 있습니다. 또 보훈병원이라는 종합병원이 있고 당장 올해 10월에 9호선까지 개통됩니다. 거의 모든 조건을 갖춘 지역이기 때문에 둔촌주공의 가치는 굉장히 높습니다. 그리고 세대수가 어마어마합니다. 1만1천 세대가 넘어갑니다. 입주가 완료되면, 우리나라에서 제일 큰 아파트 단지가 됩니다. 이런 점에서 분양가가 높을 것이라고 예상했는데, 현재 정부가 분양가상한제 압력을 넣고 있어, 기존에 분양했던 고덕주공2단지나 고덕주공3단지보다 낮게 분양할 수도 있겠습니다. 입주를 원하는 이에게는 좋은 기회입니다. 세대수가 많아 공동 관리비가 저렴한 장점도 있습니다.

고덕동은 최근 3년 동안 강동구의 주인공이었습니다. 1단지부터 7단지까지 분양이 되었습니다. 가장 최근에 분양했던 곳은 고덕롯데캐슬베네루체와 고덕센트럴아이파크입니다. 11·3 대책 발표 전

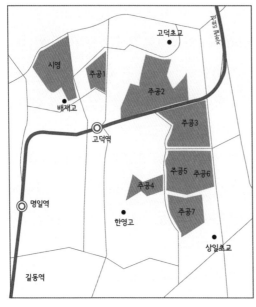

고덕동 재건축 단지들

에 분양했던 고덕아이파크나 고덕그라시움, 고덕숲아이파크는 전매가 되고, 발표 이후에 분양한 것은 아직 되지 않습니다. 8·2 대책 이후 고덕그라시움은 59m^2 로열 기준으로 프리미엄이 1억 원입니다. 예전에는 84m^2 인기가 더 많았는데 중도금대출 규제 때문에 지금은 59m^2가 더 인기입니다.

단지를 고를 때는 단일 브랜드를 쓰는 곳이 좋습니다. 시공사가 다르면 자재와 설계가 달라 사람들이 특정 시공사에서 맡은 부분을 선호할 수도 있습니다. 게다가 여러 시공사가 맡으면 나중에 서로 관리를 미루며 나 몰라라 할 수도 있습니다.

현재 대출 문제가 사람들의 발목을 붙잡고 있습니다. 84m^2 밑으로는 청약가점제로 가면서 대부분 '이제 청약은 다 안 되는구나' 생각합니다. 사회초년생 중 재산이 없어도 연차가 안 되면 대출을 할

재개발과 재건축이 진행되고 있는 고덕동 현장. 쾌적한 주거지로 변모하고 있는 것은 물론, 고덕상업업무복합단지, 지하철 8, 9호선 연장, 서울세종고속도로 개통 등 굵직한 호재도 많은 지역.

수 없으니 상대적 박탈감이 들기도 하겠지요. 하지만 지금 강동구에는 재건축조합이 설립 전인데, 재건축 연한이 되고 있는 단지가 몇 개 있습니다. 삼익그린맨션2차, 고덕주공9단지, 신동아 1, 2, 3차 정도입니다. 그 부분도 생각하면서 공부하면 기회는 항상 있습니다. 안 된다고 생각하면 안 되고, 된다고 생각하면 됩니다.

또 강일 고덕상업업무복합단지에는 일자리도 많이 생깁니다. 이케아와 롯데복합쇼핑몰도 들어온다고 합니다. 상업시설과 업무시설이 함께 들어와 단순히 베드타운으로만 끝날 지역이 아닌 겁니다. 지금까지는 철저하게 베드타운 역할을 했던 지역이었는데 업무시설, 유통시설 등이 대규모로 들어오기 때문에 강동구의 미래는 더 밝습니다.

둔촌주공이 대단지로 들어서고 고덕 주거타운도 진행되면, 중학교 가치가 상당히 높아질 것입니다. 시간이 지나면 교육환경도 지금보다는 많이 개선되겠지요. 고덕동 상가 임대료가 비싸 대형 학원가가 생기지는 않겠지만 교육수준은 확실히 올라갈 겁니다.

굵직한 교통 호재의 도시

서울시 지하철 계획은 1기, 2기, 3기로 나뉘어 있습니다. 1기는 1, 2, 3, 4호선이고, 2기가 5, 6, 7, 8호선 그리고 현재 3기 계획대로 공사가 진행되고 있습니다. 강동구에는 현재 지하철 5호선, 8호선이 있으니 1기 때는 포함되지 못했다가, 2기 때 비로소 포함되었습니다. 상대적으로 낙후된 지역이지요. 그렇기에 사람들의 관심을 뒤늦게 얻기 시작했습니다. 지하철이 생기긴 했는데 8호선은 성남에서 출발해 강동구까지 오고, 5호선은 강서구에서 종로구로 갔다가 다시 강동구로 오는 만큼 두 노선 모두 중요 지역인 강남을 가지 않습니다.

현재는 고덕역에서 강남역까지 지하철로 한 시간 정도 걸립니다. 그런데 9호선 연장 계획이 있습니다. 9호선 4단계 개통은 예비타당성 검토 중인데, 지금 강동구 시세가 올라가고 있는 요인 중 하나가 바로 이 9호선 연장 계획입니다. 실질적으로 9호선 연장이 강동구

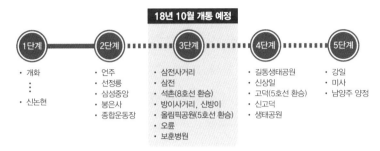

서울지하철 9호선 노선 계획

18년 10월 개통 예정

1단계	2단계	3단계	4단계	5단계
• 개화	• 언주	• 삼전사거리	• 길동생태공원	• 강일
⋮	• 선정릉	• 삼전	• 신상일	• 미사
• 신논현	• 삼성중앙	• 석촌(8호선 환승)	• 고덕(5호선 환승)	• 남양주 양정
	• 봉은사	• 방이사거리, 신방이	• 신고덕	
	• 종합운동장	• 올림픽공원(5호선 환승)	• 생태공원	
		• 오륜		
		• 보훈병원		

출처 : 서울메트로 등

에 영향을 미치려면 고덕동까지 연결돼야 합니다. 그런데 서울세종 고속도로와 9호선 연장이 겹쳐 동시에 진행하기에는 예산이 부족한 듯합니다. 9호선 4단계 개통은 서울세종고속도로 개통 후로 순서가 밀려 3~4년 뒤에나 고덕동까지 갈 수 있을 것 같습니다.

서울세종고속도로가 생기는 것도 강동구의 호재입니다. 일단 IC 가 생기면 한강 이북, 한강 이남 지역에서도 강동구에 진입할 수 있 는 도로가 하나 더 생기는 것입니다. 지금은 강동구로 연결되는 도 로가 중부고속도로 딱 하나뿐입니다. 서울세종고속도로가 왜 강동 구에 생기는 걸까요? 보통 땅값이 싼 데 위주로 고속도로를 뚫는 경 향이 있고, 강동구를 살리려는 취지도 있다고 봅니다. 성남에서 구 리까지, 구리에서 안성까지는 2022년까지 개통이 되고 안성에서 세 종까지는 2024년 까지 개통된다고 합니다.

현재 8호선은 암사역이 종점인데, 연장 공사 중이고 완공되면 한강 건너편 구리시, 다산신도시, 별내신도시까지 연결됩니다. 현재는 8호선이 짧아서, 잠실을 지나는 것 빼고는 이렇다 할 이점이 없습니다. 그런데 연장이 되면 구리시나 남양주시에서 잠실이나 강남 쪽으로 출퇴근하는 게 굉장히 편해집니다.

암사동은 개발제한구역이라 모든 아파트 층이 낮습니다. 땅을 파기만 하면 유적이 나오니 조심스럽습니다. 그런데 8호선 연장이 되면, 종점이 아닌 중간역이 되면서 위상이 달라질 것입니다. 종점은 보통 차량기지를 만들어야 하기 때문에 수요가 없는데도 역을 만드는 경우가 종종 있습니다. 땅값도 싸야 해서 여러모로 취약한 부분이 많은 곳입니다. 그런데 중간역이 되면, 양쪽에서 인구가 유입할 수 있어서 호재인 것이지요. 여전히 개발제한구역이라 고층 빌딩이 들어서지는 않겠지만, 주거시설이 좋아지고, 상업시설도 많아질 거라고 예상합니다.

미사 강변도시가 생기기 전 강동구는 서울이라는 느낌이 잘 들지 않았던 곳입니다. 그런데 미사 강변도시가 생기고, 뒤에 높은 아파트들이 쫙 펼쳐 보이니 이제 서울이라는 느낌이 듭니다. 미사 강변도시는 하남시에 신도시를 만들었다는 의미도 있지만 강동구를 도심으로 만들어줬다는 의미도 큽니다.

강동구에는 중앙보훈병원, 강동성심병원, 강동경희대학교병원이 있고, 바로 옆 송파구에 서울아산병원도 있습니다. 이것만으로도 노후에 강동구에 살 충분한 이유가 됩니다. 또 친환경적인 지역이라

개발에 상관없이 매우 살기 좋습니다. 게다가 최근 고덕과 하남 사이에 있는 그린벨트 지역인 하남시 초이동에 개발 호재 소식까지 들려오고 있지요.

통계청은 '2016년 한국의 사회지표'에서 2033년부터 우리나라 인구가 감소한다고 발표했습니다. 서울시에서 발표한 자료에 따르면 2033년까지 강동구가 서울 인구증가율 1위입니다. 서울에서 인구가 증가하는 구는 강남구, 강동구, 은평구밖에 없습니다. 2013년 인구수와 2033년 예상 인구수를 비교하면 7만2천8백 명이 더 증가한다고 합니다. 강동구의 미래가 더 밝게 느껴지는 이유입니다.

 둔촌주공이 대단지로 들어서고 고덕 주거타운도 진행되면, 교육 프리미엄 가치마저 상당히 높아질 것입니다.

 향후 20년 동안 서울에서 가장 많은 인구수 증가가 예상되는 강동구는 이제 더 이상 서울의 변두리가 아니라 서울의 대표 얼굴입니다.

 9호선이 연장 개통되고 고덕상업업무복합단지까지 들어서면 강동구의 프리미엄이 또 한 번 업그레이드 됩니다.

강서구

마곡이라는 어마어마한 호재로 떠오르는 강서구는 주거, 환경, 상업, 일자리, 교통 등 모든 이슈가 모여 있습니다. 관심을 한몸에 받는 강서구 이야기를 시작합니다.

방화2동

방화3동

방화1동

마곡생활권

공항 · 방화생활권

가양1동

가양2동

가양3동

공항동

등촌3동

염창생활권

발산생활권

화곡6동

등촌1동

발산1동

우장산동

화곡2생활권

염창동

화곡3동

화곡본동

등촌2동

화곡8동

화곡4동

화곡1생활권

화곡1동

화곡2동

마지막 대형 호재
마곡을 껴안은 강서구

강서구는 9호선의 수혜를 가장 많이 입은 지역입니다. 그리고 마곡이라는 어마어마한 호재가 있습니다. 서울에서 이렇게 큰 호재는 1970년대 강남 개발 이후로 없었습니다. 유일무이하게 주거, 환경, 상업, 일자리, 교통 모든 이슈가 들어가 있습니다. 서울에서 최근 5년 동안 가장 인기 있는 지역을 뽑으라고 하면 단연 길음뉴타운과 강서구입니다. 하지만 앞으로를 생각하면 갭 투자 때문에 각광 받았던 길음보다 강서구가 훨씬 더 할 게 많습니다. 아무튼 최근에 가장 많은 투자자가 들어갔던 지역이 강서구인데, 본격적인 상승은 아직 시작도 안 했다는 분석이 있을 정도로 앞으로가 더 기대되는 지역입니다.

작은 강남, 마곡

마곡은 일반분양도 별로 없었고 매수제한도 있어서, 쉽게 투자하거나 살 수 있는 여건이 안 되었습니다. SH에서 분양한 마곡엠밸리 단지들의 경우 84m² 기준 분양가가 4억이었는데 지금은 9~10억이 됐습니다. 분양가 대비 2배 이상 오른 것입니다. 마곡에 입주하는 대기업이 굉장히 많아 일자리가 폭발적으로 늘기 때문입니다.

특히, LG, 이랜드, 코오롱, 대우조선해양, 에쓰오일 등 대기업이 많이 들어와 연봉이 높은 인구가 몰리는 걸 주목해야 합니다. 이렇게 집단적으로 대기업이 들어가는 입지 중 확정된 입지는 전국에 여기밖에 없습니다.

예전부터 마곡이 오르면 김포 한강신도시도 오를거라 전망했습니다. 그러니까 한강신도시가 마곡의 배후 주거지가 된다고 예측한 것입니다. 굉장히 중요한 포인트입니다. 나중에 마곡이 완성되면 어마어마할 것입니다. 마곡지구와 관련한 개발은 굉장히 빨리 진행될 것 같습니다. 마곡지구는 SH, 그러니까 서울주택도시공사에서 개발했기 때문에 서울시에서 밀어줍니다. 예전 오세훈 시장이 실패했던 것 중 하나가 일자리 부분인데, 이를 보완하기 위해 박원순 시장이 발표한 2030 서울시 생활권 계획에서는 일자리를 확대하겠다고 했습니다. 동남권은 워낙 잘 나가니까 제외하고, 동북권, 서남권, 서북권 중 일자리가 눈에 띄게 늘어나는 곳은 서남권밖에 없습니다. 마곡

2017년 10월 1차 입주를 시작한 마곡 LG사이언스파크. 이밖에도 마곡지구에는 코오롱, 에쓰오일, 이랜드, 롯데, 대우조선해양, 넥센타이어 등 대기업 연구센터가 대거 입주할 예정이다.

이 대표적인 지역입니다.

교통도 계속 좋아집니다. 먼저 방화대로도 조기개통 합니다. 그리고 황금 노선인 공항철도 마곡역도 새롭게 들어섭니다. 고정적으로 이용하는 출퇴근자가 많아야 전철의 가치가 높습니다. 강남에 일자리가 가장 많기 때문에 2호선, 3호선, 7호선, 9호선이 황금 노선이고 그 외에 신분당선과 공항철도도 황금 노선입니다. 둘 다 일자리 노선이지요. 그런데 마곡은 9호선과 공항철도가 있으니 더블 황금 노선 역세권입니다. 기존 공항철도는 김포공항에서 상암DMC로 바로 이어져 마곡역이 없었습니다. 현재 만들고 있는데, 중간을 끊어 구멍을 파 만드는 거라 거의 천억 가까이 든다고 합니다. 2018년 3월에 개통한다고 하는데 생긴다면 굉장히 획기적입니다. 왜냐하면 공항철도가 서는 역이 알짜배기인데다가, 9호선하고 환승까지 되기 때문이지요.

강서구는 동별로 랜드마크를 정리하면 한눈에 파악하기 쉽습니다. 각 동의 랜드마크는 등촌동만 빼고 모두 새 아파트입니다. 그렇기에 이제 일자리가 있는 마곡이 튼튼한 배후가 될 것입니다. 또 관심 있게 봐야 할 것은 바로 환경입니다. 서울식물원과 한강공원이 함께 들어갑니다. 사실 그동안 강서구가 쾌적한 지역은 아니었습니다. 한강을 끼고 있기는 한데 한강 고수부지가 없고, 산도 없는 몇 안 되는 구 중 하나입니다. 그런데 한강과 공원이 시너지 효과를 내도록 녹지 공간과 수 공간을 한꺼번에 만들었습니다. 덕분에 상권도 살아났지요. 이곳 오피스텔은 분양이 잘 되는데, 아직 수익률은 1~2%밖에 안 나온다고 합니다. 초기에는 어쩔 수 없습니다. 김포 한강 신도시에도 오피스텔 분양을 많이 해서 경쟁해야 합니다. 한강신도시와 마곡지구 둘 다 새 아파트라 경쟁할 수밖에 없습니다. 마곡이 입지가 가까우니 더 좋겠지만 말입니다.

마곡지구에는 일자리만 들어오는 게 아니라 서비스시설도 들어옵니다. 호텔, 컨벤션센터를 비롯한 마이스(MICE) 산업 시설도 강남구와 견주어도 될 만큼 많이 들어옵니다. 결국 모든 게 집중되기에 마곡은 강남처럼 될 것입니다. 강남 주변 지역들이 어떻게 움직이는지 비교해보면 강서구의 마곡지구 주변 지역에 대한 변화도 예측할 수 있습니다. 강남 평당가가 오르면 마곡도 오르게 될 것입니다.

롯데

넥슨

대우조선
해양

양천향교역

지이러 0호서

신방화역

마곡나루역

이랜드

마곡역 중앙공원

에쓰오일

코오롱

아워홈

LG

공항철도

이마트

지하철 5호선

마곡역

발산역

제닉

마곡지구

덧붙여 발산동을 말해볼까요? 이곳은 마곡생활권이어서 마곡 수
명산파크와 같은 아파트 위주로 보면 됩니다. 상권이 좋고 먹을 데
도 많으며 평지에다 공기도 좋습니다. 그전까지 마곡 수명산파크는
외진 곳이란 인식이 있었는데, 마곡지구와 연결되면서 요즘은 그런
느낌이 별로 들지 않습니다. 마곡 수명산파크 앞 빌라나 다가구 쪽
도 좋아질 것이므로 눈여겨보면 좋습니다.

오래된 소형 아파트와 빌라에 주의하세요!

강서구는 낡은 아파트가 굉장히 많습니다. 가양동, 등촌동, 염창동, 그리고 일부 방화동에 오래된 단지가 많고, 특히 가양동과 방화동은 대단지도 있지만 한 동짜리 소형이 무척 많습니다. 2~3년 전에 갭 투자가 유행할 때 방화동 한 동짜리 아파트도 괜찮냐는 질문을 많이 받았는데, 이왕이면 대단지로 하라고 조언했던 기억이 납니다. 상승할 때는 같이 상승하더라도 막상 매도할 때는 힘들 것 같았기 때문입니다. 등촌동은 등촌주공3단지가 1995년에 지었기 때문에 재건축을 바라보고 매수하는데, 실제 진행까지는 굉장히 오래 걸릴 것입니다. 염창동은 갭 투자의 성지입니다. 2013년에 대구와 부산에서 차 대절하여 올라온 분들이 매물이 나오는 대로 모두 쓸어갔습니다. 서울에서 3천만 원 이하로 갭 투자하기 굉장히 좋은 지역이었습니다.

3백 세대, 2백 세대, 1백 세대 이런 식으로 작은 단지이기 때문에 역세권으로 이용할 수 있는 단지가 그렇게 많지는 않습니다. 그래도 걸어서 한 10~15분이면 역에 갈 수 있습니다. 그러니까 초역세권은 아니지만 역세권 지역으로 봅니다. 가양동과 등촌동은 SH공사가 만든 택지개발지구라서 대단지가 많고 염창동은 모두 소규모입니다. SH공사에서 만든 건 임대 아파트 분위기가 나는데 염창동은 그래도 나름 다 브랜드 아파트입니다. 그러니까 대단지가 아니어도 더 좋아 보이는 상품인 것입니다.

그리고 등촌동에 SBS공개홀이 있기 때문에 방송업체, 서브업체, 협력업체가 들어오면서 아파트형 공장이 많이 생겼습니다. 이런 곳을 요즘은 지식산업센터라고 합니다. 간혹 진짜 공장이라고 오해할 수 있는데, 일반 빌딩이라고 보면 됩니다. 특히, 서울에 있는 역세권에 있는 아파트형 공장은 오피스와 다름없지요.

강서구청 인근에는 우장산롯데아파트가 있습니다. 산을 끼고 있으며 뒤에 공원이 있습니다. 강서힐스테이트, 우장산아이파크e편한세상, 화곡푸르지오, 우장산롯데캐슬, 우장산SK뷰 등 브랜드 아파트가 모두 모여 있습니다. 그곳에 우장산이 있는데 산이라기보다는 동산에 가깝습니다. 그래도 나무가 많아 쾌적합니다. 그렇게 주거공간이 밀집한 지역에 나무가 많은 공원이 있으니 큰 프리미엄입니다. 또 주변에 송화시장이라는 재래시장이 있는데 인기가 많습니다. 여성전문 종합병원인 미즈메디병원도 있습니다. 이렇듯 주변에서 모든 것이 해결되어 살기 편하고 좋습니다. 교육에 관한 것은 우장산역 주변에 몰려 있습니다. 그곳에 고등학교가 4개 있는데 모두 서울대를 많이 보내는 학교입니다. 화곡동, 내발산동이 좋은 이유도 학군이 좋기 때문이지요.

화곡동을 볼까요? 이곳에 임장을 가보면, 가끔 산 타는 느낌이 듭니다. 까치산이면 산일 텐데, 산을 빌라가 뒤덮어 그야말로 거대한 빌라산입니다. 이곳은 땅값이 싸 신축하기도 쉽고 수요도 많기에 모든 종류의 빌라가 어마어마하게 많습니다. 목동, 여의도와 가까워 개그맨이 많이 살던 곳으로 유명합니다. 그리고 화곡역 상권이 발달했습니다. 까치산 시장이 있는데, 서울 치고 가격이 무척 저렴하여 어린 친구들도 부담 없이 옵니다. 또 화곡 1지구, 2지구, 3지구 등 오래된 아파트가 많았고, 그걸 재건축하여 현재 브랜드 아파트가 그곳에 밀집되어 있습니다. 서부광역철도 계획에 화곡역이 포함되어 있어 더블 역세권을 기대하고 투자한 분도 있습니다. 부천에서 출발하여 홍대까지 가는 노선과 GTX-B 노선 총 2개의 계획이 있는데 실현 가능성이 높지는 않습니다. 이렇게 전철이 없는 지역은 경전철이라도 넣는 게 맞지 않을까 싶습니다.

김포공항부터 9호선 급행까지

강서구에는 김포공항도 있습니다. 김포공항이 광역복합환승터미널로 개편이 된다고 합니다. 지금도 이미 트리플 역세권인데 2018년 11월 김포도시철도까지 들어오면 쿼드러블 역세권이 됩니다. 2022년엔 대곡-소사선 개통도 예정되어 있습니다. 이렇게 전철망이 좋고, 시내버스와 광역버스 그리고 공항버스가 지나가고 공항까지 있으니 광역환승교통망이 생길 만한 입지입니다. 게다가 쇼핑시설인 롯데몰도 있습니다. 처음 롯데몰이 생길 때는 수요가 있을까 의문이 들었는데, 외국인 관광객은 물론이거니와 한국 사람도 많이 가고 있습니다. 한 가지 특이한 건 김포 주민이 용인이나 수원에 갈 때 공항버스를 타고 이동하는 점입니다. 공항버스는 경유지가 없어서 목적지까지 한 번에 갈 수 있습니다. 그러니 서쪽에서는 이곳이 교통의 핵심이 될 것입니다.

강서구의 지하철을 얘기하면 9호선 급행을 빼놓을 수가 없지요. 급행이 지나는 역과 그렇지 않은 역은 차이가 많이 납니다. 특히 출퇴근 시간엔 굉장히 중요합니다. 잠이 중요한 사람은 아침에 10분 ~20분 더 잘 수 있는 게 엄청난 장점이지요. 급행이 서고 안 서고에 따라서 10분, 20분을 더 잘 수 있느냐 아니냐가 갈립니다. 그리고 지하철이 없으면 강서구에서 강남까지 1시간 30분 이상 걸려 출퇴근이 무척 힘듭니다. 이처럼 9호선은 일자리 노선이기에 집이 아무리 낡거나 옆에 비선호시설이 있어도 수요가 많습니다. 굳이 교육환경을 따질 필요 없는 이들에게는 좋은 입지입니다. 그렇기에 신혼부부도 많이 살고 있습니다. 강서구에서는 김포공항, 가양, 염창 이 세 역만 급행이 지나가는데, 그래서 가양과 염창이 뜨는 겁니다.

변화하는 상권

강서구청 상권은 강서구의 거의 유일한 유흥 상권입니다. 20~40대가 퇴근한 이후에 술 먹고 노는 상권이지요. 그런데 강서구청이 마곡으로 가는 게 결정되었습니다. 지금은 이곳이 강서구 상권의 중심인데 이전하게 되면 아무래도 영향을 받을 수밖에 없겠지요.

2030 서울시 생활권 계획을 보면 강서구의 향후 전략 방안 중 의료문화관광벨트 건설 사업이 있습니다. 강서구청이 이전하면 상권이니 바뀔테니 그 라인에 병원을 집중적으로 배치하여 의료문화관광벨트를 만든다고 합니다. 공항이 가깝기 때문에 관광산업을 염두에 둔 듯합니다. 실제 추진이 될지는 더 지켜봐야겠습니다.

● ● ●

마곡지구는 강서구 전체를 먹여 살릴 수 있는 메가톤급 호재입니다. 시세가 더 내려갈 이유는 없을 것 같고 조정을 받는다고 하더라도 결국은 다시 올라갈 지역이지요. 왜냐하면 본격적인 마곡지구 입주는 아직 시작도 안 했기 때문입니다. 5년은 있어야 완성되고, 입주 후 10년 동안 점점 상승할 테니, 앞으로 10년 이상 괜찮은 지역이 될 것입니다. 비싼 것 같지만 앞으로 가격이 더 올라갈 확률이 높습니다.

강서구는 현재 투기지역입니다. 현재 상황에서 잔금을 치르지 않았으면, 양도세 10%가 가중됩니다. 그러니까 과세 표준이 15%였으면 25%가 되는 거죠. 강서구가 직격탄을 맞았고, 갭 투자했던 사람이 다시 집을 많이 내놓고 있어 거래가 거의 안 됩니다. 8·2 대책 이후 강남구 외 다른 지역도 약간 숨통이 트이면서 팔리고 있는데 강서구는 아직 정체기입니다. 투기지역이 되면서 조금 힘든데, 마곡 지구의 훌륭한 미래가치만 기억해도 마음 편히 투자할 수 있을 거라 생각합니다.

 5~6년 후에 마곡지구가 완성될 것입니다. 그래서 앞으로 10년 동안은 계속 상승할 지역입니다.

 9호선 급행이 있어 교육환경을 따지지 않는다면 정말 좋은 입지입니다.

 마곡지구는 1970년대 강남 개발 이후 서울시 최대 규모의 호재입니다.

관악구

예전에는 관악구 하면 녹두거리와 서울대 그리고 신림동 고시촌이 떠올랐습니다. 지금은 샤로수길이 먼저 생각나지요. 관악구의 앞으로는 어떨까요? 관악구, 지금부터 알아봅니다.

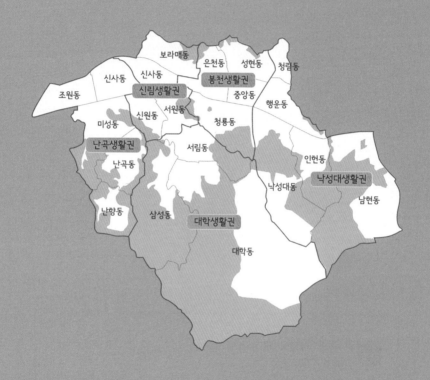

임대 수요가 풍부한 관악구

관악구 하면 녹두거리와 서울대 그리고 신림동 고시촌이 가장 먼저 떠오릅니다. 로스쿨이 생기고 나서부터 고시촌은 하락세였고, 녹두 거리가 직격탄을 맞았습니다. 로스쿨이 생기기 전에는 서울대 학생 외에도 많은 사람이 외부에서 모여들었으니까요. 현재는 샤로수길 이 새롭게 떠오르고 있습니다. 더불어 서울대가 법인이 됐고, 시흥 배곶신도시에 캠퍼스를 짓기도 합니다. 이게 어떤 변화를 가져올까 요? 서울대 위상은 그대로일 겁니다. 일부 연구소만 갖고 가고, 병원 과 국제화 기능은 새로 추가되는 것이기 때문에 서울대가 확장한 것 이라 보면 되지요. 서울대는 관악구 경제에 30~40% 정도의 영향을 준 굉장한 부동산입니다. 관악구를 서울대가 먹여 살린다고 해도 과언이 아닙니다.

교통 편리성 굿~! 강남의 관심 배후 지역

관악구를 논할 때 2호선을 빼놓고는 얘기할 수 없습니다. 서울대입 구역은 이용객 수가 어마어마합니다. 특히, 서울대입구 샤로수길 상 권이 엄청나게 커졌습니다. 지하철에서 내리면 사람 머리만 보일 정 도로 인구 밀집도가 높습니다. 평일 오전이나 오후에 임장을 가보면 엄청난 유동인구에 깜짝 놀랍니다. 2호선역들이 대체로 유동인구가 다 많지요. 강남역, 홍대입구역, 서울대입구역도 그렇고 사당역도 그렇습니다.

　참고로, 관악구는 대단지가 많은데, 그중 하나가 드림타운입니 다. 그 외에 관악푸르지오, 봉천우성, 벽산블루밍1차 등이 있는데 베드타운 역할을 합니다. 관악구에는 신림동, 봉천동, 남현동이 있 는데 대부분 산 지형입니다. 평지가 없는데 이 지역에 왜 사람들이 살았을까요? 땅값이 쌌기 때문입니다. 봉천동하면 달동네가 떠오르 는 것도 이 때문입니다. 관악구에 2호선이 들어오지 않았다면 지금 처럼 활성화되지 않았겠지요. 강남 개발이 된 후 강남권 직장인 수 요의 배후 주거지 역할을 하며 성장했습니다. 2호선 라인에 아파트 단지가 많은 이유이기도 합니다.

국내 가장 핫한 골목상권 중 하나가 된 서울대입구역 샤로수길. 상가부터 주택까지 임대비율이 높은 지역이므로 임대 사업에 관심이 많다면 관악구를 주목하자.

총 세 개의 경전철 계획도 있습니다. 첫째, 신림선입니다. 현재 공사 중입니다. 둘째, 난곡선입니다. 아직 계획 단계입니다. 셋째, 서부선입니다. 이것 역시 계획 단계입니다. 신림은 이렇게 신림선, 난곡선, 서부선이 잘 되면 괜찮을 겁니다. 경전철의 취지가 낙후된 지역, 전철이 안 들어가는 지역에 전철을 넣는 것입니다. 세금을 쓰더라도 하는 게 맞습니다. 일단 전철이 들어오면 주거가 정비되고 상권도 살아납니다. 즉, 전반적으로 부동산의 가치가 올라갑니다. 신림선은 9호선하고도 연결되지만 여의도 접근성도 뛰어납니다. 그래서 여의도로 출근하는 직장인들이 예전에는 신길동, 대방동 등에서 살았지만, 앞으로는 관악구에서도 살 수 있습니다.

신림동이 활성화되면 분명 여의도 인구를 받을 수 있습니다. 저렴

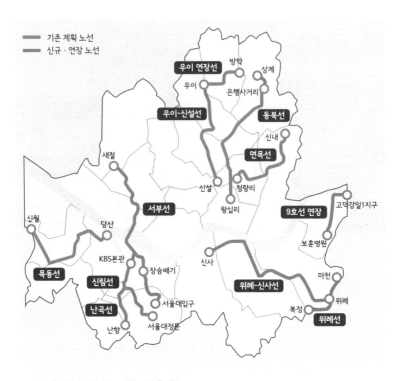

우이 연장선 방학
우이 상계
우이-신설선 은행사거리
동북선
새절 신내
면목선
서부선 신설 청량리
왕십리
신월 당산 9호선 연장 고덕강일1지구
KBS본관 보훈병원
목동선 장승배기 신사
신림선 위례-신사선 마천
난곡선 서울대입구 위례
난향 서울대정문 복정 위례선

═══ 기존 계획 노선
═══ 신규·연장 노선

2015년 서울시가 발표한 서울 도시철도망구축계획

하고 산도 있어서 산 좋아하는 사람에게는 더 좋습니다. 다음으로 신림선과 연결될 서부선이 추진될 것입니다. 은평구부터 시작하여 여의도를 지나가기 때문에 이 역시 일자리 노선입니다. 반면 난곡선은 보라매에서 난곡까지 가는 지선이어서 생긴 후 부가가치를 기대하기 어렵습니다. 이용편익분석 차원에서 보면 서부선이 먼저 추진되고, 난곡선은 세금을 써야 하기 때문에 차후에 진행될 것으로 예상합니다. 일단 신림선 활용도가 높다면, 이후 노선도 더 빨리 진행할 수 있겠지요.

교통과 관련하여 신림뉴타운을 얘기해볼까요? 신림뉴타운 얘기
가 나온지 10년이 넘었습니다. 지금보다 교통이 편해지고 사람들이
조금 더 들어오면 추진할 거라고 예상합니다. 지금은 미림여고 쪽으
로 개울이 있어, 들어오는 대중교통이 버스밖에 없습니다. 2호선은
안쪽까지 들어오지 않습니다. 현재 경전철 신림선 공사를 하고 있는
데, 그게 들어오면 뉴타운이 추진되지 않을까 예상해봅니다. 경전철
신림선은 2022년 준공 예정인데 넉넉잡아 3~4년 더 걸리지 않을
까 생각합니다. 2030 서울시 생활권 계획을 찾아보면 신림 생활권
안에 있는 신림뉴타운에 관한 이야기는 없습니다. 봉천동 쪽 몇 개
만 하겠다고 나와 있습니다. 봉천동은 2호선이 오고, 신림동은 오지
않기에 신림동에 일단 경전철이라도 들어와야 합니다. 그 전에는 여
기에 아파트를 만든다고 하더라도 교육환경, 상권, 교통이 좋지 않
기 때문에 사람들이 들어올 여지가 적습니다.

한편 강남순환도시고속도로가 개통되었습니다. 그런데 강남이나
광명에 출퇴근하기 위해 굳이 신림을 선택할까요? 그럴 것 같진 않
습니다. 그냥 통과만 합니다. 게다가 뉴타운 개발이 되려면 학교도
있어야 하고, 여러 가지 정비할 것들도 있습니다. 고시촌이 빠져 나
가면서 임대료가 낮아져 수요층이 달라졌습니다. 학부모가 걱정하
는 이런 부분이 해결돼야 뉴타운도 추진될 수 있습니다. 그리고 강
남순환도시고속도로가 생긴 후 신림-봉천 터널을 뚫고 있습니다.

2021년 개통 예정입니다. 이게 되면 시흥IC에서 바로 관악 쪽으로 연결됩니다. 가산디지털단지와 구로디지털단지가 연결되는 게 남부 순환로밖에 없었는데 하나 더 생겨 숨통이 트일 것입니다.

순대타운부터 관악 롯데백화점까지

과거에 신림 순대타운은 가격도 저렴하고 양도 많아서 인기가 많았습니다. 2명이 먹으러 가면 1~1.5인분만 시켜도 충분할 정도였습니다. 그런데 지금은 둘이 가서 2인분을 시키고 추가까지 해야 할 정도로 양이 줄었습니다. 당시에는 먹거리가 많지 않았는데 현재는 프랜차이즈가 워낙 많이 생겼고, 심지어는 순대볶음 프랜차이즈가 많습니다. 이런 상황에서 옛날 방식을 고수하다보니 경쟁력이 조금 떨어진 것 같습니다. 또 특별한 마케팅 방법도 없으니 상권이 많이 죽었습니다. 여전히 신림역 상권은 20대 초반이 많이 이용하는데, 사실 먹을 데가 많아, 굳이 신림까지 와서 먹지 않아도 됩니다. 순대타운은 명맥만 유지하고 있는 수준이지요.

남현동은 의외로 모르는 분들이 많은데, 살기 좋습니다. 사당역 근처에도 관악산 등산로가 있는데 그 앞에 고즈넉한 분위기의 낮은 아파트들이 꽤 있습니다. 밤에는 좀 무섭기도 합니다. 이곳에 강남으로 출퇴근하는 직장인이 많이 살고 있습니다. 주변에 홈플러스도 있고, 먹자골목도 있습니다. 남현동은 교통이 편리하고 상가가 가까워 살기가 좋다고 합니다.

봉천동 롯데백화점 상권도 살펴볼까요? 백화점 맞은편에는 빌라가 밀집해 있습니다. 도림천이 있어 정비가 잘 되어 있기에 사람들도 주거 만족도가 높습니다. 빌라지만 평지이고, 구획 정리가 잘 되어 있습니다. 도로도 잘 형성되어 있고, 주차문제도 깔끔하여 아이들도 안전하게 놉니다. 전반적으로 쾌적한 환경입니다. 그런데 롯데백화점은 위치가 애매합니다. 롯데백화점 자체 건물은 크게 들어섰지만, 중요한 사무실이 들어오지 않았습니다. 백화점 주변은 고급 상권이 들어와야 시너지 효과가 나는데 그런 게 부족하지요.

임대사업을 하고 싶다면 관악구로

관악구는 임대비율이 매우 높습니다. 더불어 1인 가구도 많습니다. 서울대 때문입니다. 무슨 말이냐면, 서울대처럼 좋은 학교를 나온 사람은 서울에 취직을 많이 합니다. 결혼을 하면 다른 곳으로 갈 수 있지만, 결혼을 하지 않은 1인 가구나 친구와 함께 사는 사람은 보통 학교 주변에 살게 됩니다. 공부를 잘했으니 강남에 직장이 있을 확률도 높습니다. 관악구에서 출퇴근하기 편하니 계속 관악구에서 사는 것입니다. 그러니 서울대가 이전하지 않는 이상 임대 수요는 꾸준할 겁니다. 다만, 새 아파트 공급이 없었기 때문에 실거주자가 살 만한 데는 대부분 낡았습니다. 대단지 빼고는 살 만한 곳이 별로 없지요. 이렇게 낙후된 주거지역이 많을 땐 새 주거시설이 들어오면 인기가 많을 수밖에 없기에 매물이 나오면 바로 사는 걸 추천합니다. 이곳은 비싸게 분양할 리 없습니다. 새 건물이면서 초역세권이면 다세대 빌라라 하더라도 수요가 분명히 있습니다.

낙성대 쪽에도 자취하는 사람이 굉장히 많습니다. 원룸이 잘 되어 있고, 1인 가구를 위한 상권도 좋지요. 세탁소, 편의점 등이 잘 되는 상권이기에 이를 활용하면 좋습니다. 1인 가구가 많아 혼밥 프랜차이즈가 생기면 신림동이나 낙성대 쪽에 가장 먼저 생기지 않을까 생각합니다.

관악구는 임대사업을 할 때 가성비가 굉장히 좋습니다. 서초 재건축 이주 수요를 받을 수 있는 곳이 동작구와 이곳인데 동작구는 비싸기도 하고, 공급이 많지 않아 관악구로 넘어오는 경우도 많을 것입니다. 이 점이 투자 포인트가 될 수 있습니다. 서울 25개 구 중에서 임대수익률 1, 2위를 다툴 만큼 오피스텔 수요와 다세대 빌라 수요 모두 많습니다. 그런데 이곳은 일자리가 들어올 여지가 없기 때문에 배후 역할을 제대로 하는 입지나 상품을 관심 있게 봐야합니다. 신림동 셰어하우스도 가성비가 좋다고 합니다. 임대수요가 그만큼 풍부하니 그런 쪽에 관심 있다면 한 번 잘 찾아보세요.

관악구는 지금보다 더 나빠질 리는 없습니다. 경전철이 들어오고, 터널도 뚫리고, 도로도 하나 더 생긴다고 합니다. 그 덕에 뉴타운까지 추진되면, 양질의 대규모 주거가 들어올 수도 있을 것입니다. 상권도 테마상권에 조금 더 신경을 쓴다면 개발될 여지가 있습니다. 강남권 바로 옆에 있기 때문에 혜택이 많은 지역입니다. 앞으로는 여의도도 갈 수 있고 마곡도 갈 수 있습니다. 배후 주거지로서 비용도 저렴하기 때문에 관심을 둘 만한 입지라고 할 수 있습니다.

 강남과 여의도로 출퇴근이 가능하다는 이유만으로도 충분히 좋은 입지입니다.

 임대사업을 하는 분들은 관악구를 적극적으로 고려해봐도 좋습니다.

 2호선 라인이 관악구의 위상을 한 단계 더 높였는데 신림선도 그 역할을 어느 정도는 해줄 것 같습니다.

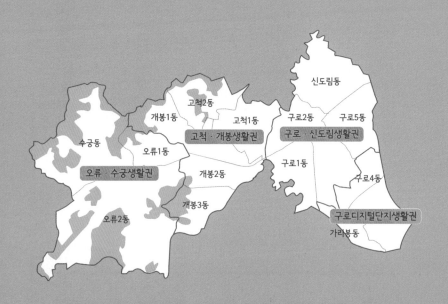

구로구

아홉 명의 장수하는 노인이 살았다는 전설이 있는 구로구는 일자리가 풍부하기로 유명합니다. 잠재가치가 굉장히 높은 지역 구로구에는 어떤 숨은 이야기가 있을까요?

신도림동

고척2동

개봉1동

고척1동

구로2동

구로5동

수궁동

고척 · 개봉생활권

구로 · 신도림생활권

오류1동

구로1동

오류 · 수궁생활권

개봉2동

구로4동

개봉3동

구로디지털단지생활권

오류2동

가리봉동

쾌적한 환경으로 변신할 구로구

구로는 이름이 왜 구로일까요? 한자 아홉 구(九)에 늙을 로(老)를 써서, 아홉 명의 장수하는 노인이 살았다는 전설에서 유래했습니다. 여덟 명이었다면 팔로구, 일곱 명이었으면 칠로구가 될 수도 있었겠지요. 풍수적으로 이곳에 살면 장수할 수 있다는 것을 강조한 느낌입니다. 재미있는 전설이 있는 구로구를 한번 살펴볼까요?

변화는 적지만 꾸준한 움직임을 주목하라

구로구생활권의 핵심은 구로디지털단지입니다. 구로구 하면 산업현

구로디지털단지. 일자리도 풍부하고, 환승센터가 생겨 교통의 허브가 되었으며, 유동인구가 늘면서 상권도 크게 발달하고 있다. 비선호시설 이전, 서부간선도로 지중화 사업 등 구로구의 환경이 크게 개선될 전망이다.

장이 떠오릅니다. 지방에서 올라와서 일을 하는 분이 많습니다. 구로디지털단지는 상권도 어마어마하게 발달했습니다. 유명한 것이 깔깔거리인데, 이쪽은 30~40대 직장인이 많습니다. 게다가 환승센터가 크게 생기면서 상권 유입인구가 엄청나게 늘었습니다. 이쪽에 일자리도 많고 통근 버스도 많으니 대부분의 직장인은 이곳에서 회식을 하고 한다고 합니다. 반면 직장인 상권이라 주말에 가면 거리가 휑합니다.

생활권은 오류·수궁생활권, 고척·개봉생활권, 구로·신림생활권, 구로·신도림생활권, 구로디지털단지생활권 이렇게 네 개로 나눌 수 있습니다. 구로구는 인구밀도가 굉장히 높습니다. 구로동, 신도림동은 밀도가 높고 아파트 단지도 많은 편이고, 개봉동이나 오류동은 산 지형이 있어서 조금 낮습니다. 하지만 그곳도 산 지형을 빼고 계산하면 밀도가 높은 편이겠지요. 구로구에서 오류동은 괜찮은 동 중 하나입니다. 좋은 주택이 많고, 금강수목원이라고 저층 고급빌라형 아파트도 있습니다. 엘리베이터가 있고 수목원도 바로 옆에 있는 굉장히 좋은 아파트입니다.

온수동은 1호선과 7호선이 지나가는 더블 역세권입니다. 급행도 있습니다. 이곳은 대규모 산업단지 시설이 입주해 있고 제조업이 중심입니다. 북쪽으로는 빌라가 많고 지금도 계속 짓고 있습니다. 또 서울공연예술고등학교도 있습니다. 더블 역세권이기 때문에 온수산업단지로 출퇴근이 가능해서 빌라에 거주하는 인구가 많은 지역입니다. 환승센터인데 주변에 양질의 주거지역이 없기 때문에 다세대 빌라라도 새 건물이면 수요가 생길거라고 생각해서 사업자가 많이 들어왔던 것입니다.

구로구 서쪽은 경기도 부천 분위기가 납니다. 부천에서도 소사구쪽 생활권과 유사한 느낌입니다. 동쪽은 영등포와 닮았습니다. 또 동부제강 부지, 럭비구장 등 대규모 부지가 있어서 조금만 개발해도 정말 좋은 땅이 됩니다. 역세권이기도 하고 경기도와 서울에 인접해 있고 대단지도 들어설 수 있어서 개발 호재를 계획하기 좋은 입지입니다. 강남 쪽에서 가장 먼저 개발된 곳이 영등포입니다. 영등포 옆이 구로구였기 때문에 일자리가 집중되었습니다. 당시에는 일자리가 많은 지역이었지만 모두 굴뚝공장이어서 공해도 발생하는 등 주거지로 살기에는 여러 가지 부족한 점이 있었습니다. 그게 그대로 남다 보니 다른 신도시인 목동이나 강남에 비해 쾌적함이 떨어집니다. 향후 개발할 때 공장들이 이전하고 땅 밀집도를 높이면서 양질의 주거상업시설이 들어온다면 충분히 좋아질 여지가 있습니다. 이곳은 강남보다 땅값이 저렴하고, 저밀도로 개발했기 때문에, 향후 고밀도로 개발할 수 있습니다. 잠재가치가 굉장히 높은 지역입니다. 2030 서울시 생활권 계획에도 주거와 상업 그리고 일자리를 결합하여 보완하려고 하는데, 구로는 주거에 대한 부분이 특히 보완되어야 합니다.

관심 있게 봐야 할 비선호시설

고척·개봉생활권을 볼까요? 이제는 고척하면 돔이 떠오릅니다. 여기서 야구 경기도 하고, 문화공연도 합니다. 우리나라에서 유일한 돔구장이기 때문에 아직까지는 반응이 굉장히 좋습니다. 하지만 돔구장에서 야구 경기만 해서는 수익성이 없습니다. 엑소나 방탄소년단의 콘서트 같은 공연 수입을 확보해야 합니다. 현재 야구 경기를 할 때는 사람이 많이 오는데 야구 경기가 없는 시즌에는 거의 오지 않습니다. 그러니 사시사철 이용할 수 있는 것들을 유치해야 합니다. 그 근처도 개발되면 복합 쇼핑몰이 들어와 놀거리, 먹거리, 공연문화를 모두 책임지는 공간으로 거듭나면 좋겠습니다.

과거 고척에는 남부구치소가 있었습니다. 그 교정시설은 이전했고, 남은 부지는 여러 가지 컨소시엄을 통해 공동복합개발을 한다고 합니다. 공동주택과 코스트코도 들어올 계획이 있고 대형쇼핑몰 엔터식스도 들어와 있기 때문에 복합적인 변화가 기대됩니다.

개봉동 쪽에는 시멘트 공장이 있었습니다. 자리가 참 좋은데 시멘트 공장자리라 안타까웠습니다. 비선호시설이지만 트럭과 래미콘차가 들어가기 쉬운 교통이 편리한 입지라 들어온 겁니다. 서울을 한창 확장하던 시기에 공사를 많이 했으니, 당연히 공사자재나 원재료를 만들 수 있는 공장을 서울 변두리에 만들어 놨는데 서울이 확장하면서 그게 서울 안쪽이 된 것입니다. 지금은 굉장히 좋은 자리지만, 옛날에는 변두리였습니다.

서울에서 관심 있게 봐야할 것이 바로 이런 비선호시설입니다. 교정시설과 시멘트공장 등의 비선호시설은 결국 서울 밀집도를 높여야 하기 때문에 외곽으로 나가게 됩니다. 현재 이 지역에도 교정시설과 시멘트 공장이 모두 나가고 뉴스테이가 들어오기로 확정됐습니다. 뉴스테이가 진행되면 개봉역 일대가 깔끔하게 정리되어 주거지로서의 가치가 올라갈 전망입니다.

이미 이런 상업시설과 업무시설이 들어왔기 때문에 대규모 택지개발지구가 들어오기는 힘듭니다. 이게 구 도심의 한계인데 그렇다 하더라도 하나하나 조금씩 바뀌게 되면 점점 발전해 나갈 수 있습니다.

쾌적한 환경을 만들 서부간선도로 지중화 작업

신도림에는 아파트가 참 많습니다. 그런데 몇 년 전 서울 붐이 일어날 때도 별로 오르지 않을 정도로 저평가되었던 지역입니다. 신도림은 사실 구로 이미지가 있는데 분리해서 봐야합니다. 평당가도 높은 편입니다. 신도림 역세권 아파트의 단점은 자연이 부족한 것입니다. 도림천이 있지만, 깔끔하게 정비되어 있지 않아 아쉽습니다. 산도 오류동으로 가야 겨우 있습니다. 숲이나 산이 없는 영등포와 비슷한 분위기입니다. 신도림은 영등포생활권에 가까워 공장지대와 저소득근로자가 많았던 동네이기 때문에 그 분위기가 아직 남아 있습니다.

하지만 서부간선도로가 지중화 된다면 훨씬 쾌적하게 될 것입니다. 지중화라고 해서 지상에 차가 안 다니는 건 아니고, 밑으로 분산시키는 것입니다. 분산하여 차가 지하로도 다니고 지상으로도 다닙니다. 지상에는 인도도 만들고 가로수도 심습니다. 그리고 안양천과의 접근성도 개선합니다. 지금은 광명 사람만 안양천을 이용하고 있습니다. 광명이 비싼 이유 중 하나가 안양천을 이용할 수 있기 때문입니다. 오히려 서울 쪽은 서부간선도로 때문에 단절되어 전혀 이용하지 못했습니다. 고가든 도로든 단절이 되어 있으면 좋지 않습니다. 길은 항상 연결되어야 합니다. 안양천은 선호시설이므로 지역의 부동산 가치를 올려줍니다. 그러니 지중화 작업이 끝나면 무조건 좋습니다. 지중화 작업은 설계가 끝났고 여러 가지 후반 작업을 마치면 착공하게 됩니다.

이 지역은 1호선과 2호선이 모두 지상으로 다닙니다. 윗 지역과 아랫 지역이 단절된 느낌이면 슬럼화되고 답답한 경향이 있습니다. 그렇기에 2호선도 차차 지중화 되어야합니다. 먼 미래이기는 하지만 서부간선도로 지중화, 2호선 지중화, 1호선 지중화가 되면 평지에 물을 끼고 있고 도심 한가운데이기 때문에 굉장히 좋은 입지로 거듭납니다.

또 구로디지털단지와 여의도 2개의 일자리 지역을 품고 있습니다. 옆에 신길뉴타운 같은 새로운 주거지가 생기면서 이곳 상품성이 떨어지고 있는 상태이기는 하지만, 직주근접 차원에서 수요는 안정적입니다. 그래서 나홀로 아파트도 계속 생기고 있습니다. 일단 1호선, 2호선, 7호선이 지나가 교통이 좋은데 구로에 있는 차량기지를 광명시로 옮기면 7호선과 1호선이 한 번 더 만납니다. 이처럼 교통은 계속 더 좋아질 것입니다.

백화점도 현대백화점과 AK플라자 2개가 있습니다. 특히 현대백화점이 있는 디큐브시티 쪽에는 젊은이들이 항상 바글바글 모입니다. 상권이 완전히 살아났습니다. 바로 근처에 테크노마트와 이마트도 있습니다. 이전에는 매력적인 쇼핑시설이 신도림에 하나도 없었습니다. 그저 1호선, 2호선이 환승하는 지옥철의 대명사였는데 이제는 여러 복합 쇼핑몰이 모여 있는 중심 지역이 됐습니다. 다른 지역사람들까지 자발적으로 오는, 구로구에서 사람이 제일 많이 몰리는 지역으로 바뀌었습니다. 이런 게 바로 디벨로핑의 힘입니다.

 공장들이 이전하고 땅 밀집도를 높이면서 양질의 주거상업시설이 들어온다면 충분히 더 좋아질 가능성이 있습니다.

 구로구는 일자리 수요가 풍부한 지역이기 때문에 언제나 안정적인 투자가 가능합니다.

 서부간선도로 지중화로 지상 녹지가 증가하고, 비선호시설이 외부로 반출되어 구로구에 부족했던 환경 프리미엄이 높아질 예정입니다.

그래서
어디를
살까요

금천구

금천구 시흥동에는 왕궁이 있었습니다. 왕궁터는 왕릉터와 함께 나라에서 가장 좋은 풍수 명당입니다. 풍수가 좋은 금천구, 앞으로 어떤 방향으로 발전할까요?

가산생활권
가산동

독산3동

독산4동

독산생활권

독산1동   독산2동

시흥4동

시흥1동

시흥생활권   시흥2동

시흥5동

시흥3동

대규모 개발 부지가 많은 금천구

금천구 지역은 시흥군 지역이었다가, 1945년 광복 후 서울 출범 시 영등포구에 편입되면서 경기도에서 서울로 행정구역이 변경되었습니다. 그러다 1980년에 다시 영등포구에서 구로구로 분리되었습니다. 그러니까 구로구와 금천구는 원래 한몸인 것이죠.

그러다 1995년 3월에 금천구가 구로구에서 분리되었습니다. 구분하자면 금천구 쪽이 더 원조였고, 구로구가 나중에 개발된 나름 신도심이었습니다. 1960~1980년대에 구로구가 구로공단을 개발하면서 제조업 위주의 금천구보다 훨씬 잘 나갔던 겁니다. 이런 점을 알고 보면 금천구를 이해하기 더 쉬울 것입니다.

개발 부지로 가능성을 보다

어느 날 금천구에 가산디지털단지와 마리오아울렛이 들어왔습니다. 마리오아울렛은 광고도 많이 했습니다. 그때 옷만 집단적으로 모아서 할인 판매하는 아울렛은 마리오아울렛이 처음이었습니다. 더군다나 여기는 모든 옷이 브랜드였습니다. 아마 동대문처럼 비브랜드였으면 그렇게 잘 되지 않았을 겁니다. 게다가 근처에 LG전자 등 IT 업종이 들어오니 시너지 효과가 났습니다.

가산디지털단지역은 예전에 가리봉역이었습니다. 그때 가리봉동을 가리베가스라고 부를 정도로 밤이 되면 아주 화려했습니다. 원래 가산동이었고 가리봉동으로 바뀌었다가 다시 가산동이 된 것입니다. 가산동으로 바뀌니 그전보다는 더 업그레이드된 느낌입니다. 예전에 IT 업종이 테헤란로에 많았는데, 정부가 지원을 하면서 가산동으로 많이 이동했습니다. 아파트형 공장을 매입하면 취득세·등록세를 면제해주고 법인세도 일정 부분 면제해주니 조건이 참 좋았습니다. 아파트형 공장은 일반인이 매수할 수 없고 제조업으로 등록되어 있는 법인에서만 매수할 수 있습니다. 이곳은 특별관리구역이기 때문에 관리공단에서 관리를 합니다. 그 외 요지에 있는 건물은 주로 회사가 다른 회사에 임대를 줍니다. 분양이 아니라 오로지 임대입니다. 가산에는 이렇게 아파트형 공장과 사무실이 많은데, 주거시설은 별로 없습니다. 디지털단지 앞에 있는 나홀로 아파트 몇 개가 다입니다. 아파트보다는 도시형 생활주택, 원룸이 엄청나게 많습니다. 젊은 직장인 1인 가구가 많기 때문인데, 그래서 역 근처 음식점이 회전율도 좋고 장사도 잘 됩니다.

금천구는 가장 위에 가산동, 중간에 독산동, 밑에 시흥동이 있습니다. 가산동은 일자리 중심지이고, 독산동은 신흥주거지로 뜨는 지역입니다. 보통 동 구조가 간단하면 시세가 낮은데, 금천구와 도봉구가 바로 그렇습니다. 시흥동은 원래 굉장히 낙후된 동네입니다. 그곳은 조선시대에 시흥군이었습니다. 시흥군에 포함된 지역이었는데 금천구로 편입이 되면서 경기도 시흥시와 서울 시흥동으로 분할되었습니다. 그러니까 원래 금천구의 중심지는 시흥동이었습니다. 시흥동에는 은행나무 사거리가 있는데, 옛날 시흥관청 부지입니다. 왕이 수원 화성으로 행차갈 때 그곳에서 하룻밤 자고 갔다고 합니다. 이렇듯 시흥동은 굉장히 오래된 구심입니다. 구심은 보통 낙후됐기 때문에 뉴타운으로 개발하려고 합니다. 그래서 2000년대 중후반에 4차 뉴타운 후보지로 지정했습니다. 그때 가격이 심하게 오른 지역은 5배가 올랐습니다. 그런데 돌연 지정이 해제되었습니다. 주민 말에 의하면, 그때 오른 가격을 현재도 회복하지 못한다고 합니다.

금천구에 개발할 만한 땅으로는 독산동의 옛 롯데알미늄 부지와 공군부대 부지가 있습니다. 롯데알미늄 부지는 뉴스테이 정도로 생각하면 되고, 공군부대 부지는 주거시설과 IT 기업 일자리를 창출하는 사이언스 파크가 들어설 예정입니다. 또 밑에 석수역이 있는데, 석수동은 안양이지만 석수역 역세권을 개발하면 금천구에도 영향을 미치는 호재이므로 유심히 봐야 합니다.

구로구는 예전에 이미 개발했던 부지이기 때문에 현재는 조금씩 개발하는 중입니다. 금천구는 땅값이 가장 싼 지역이었기 때문에 모두 군부대 아니면, 대형 부지입니다. 이곳은 대규모로 개발할 게 꽤 있습니다. 시흥동 주변은 모두 개발 부지입니다. 원래 뉴타운을 하려고 했던 지역이기 때문에 진행만 된다면 이곳은 굉장히 좋은 입지가 될 수 있습니다.

금천구의 아파트들

독산동에는 옛 코카콜라 부지가 있습니다. 굉장히 넓은 평지라 좋은 부지입니다. 코카콜라가 없어지고 나서 그곳에 홈플러스와 현대지식산업센터가 생겼습니다. 현대지식산업센터는 너무 크게 짓다 보니 초기에는 미분양에다가 경매도 많이 나왔습니다. 이제 경매 낙찰이 많이 되어 사람이 거의 채워졌다고 합니다. 그래서 이곳에 투자하려면, 다가구밖에 없었는데, 최근에 대단지 아파트인 롯데캐슬 골드파크가 들어섰습니다. 1차, 2차는 입주했고 3차는 2018년 10월 입주 예정입니다.

옛 코카콜라 부지에 들어선 현대지식산업센터. 인근에 신안산선 독산역까지 들어설 예정이기 때문에 특히 주목해야 할 지역이다. 향후 여의도로 출근하는 직장인들의 훌륭한 배후 수요지가 될 수 있다.

금천구에는 수원광명고속도로(수원-광명)와 강남순환도시고속도로도 생겼습니다. IC는 시흥동에 생기지만 독산동도 영향권이기 때문에 이곳이 주거지로 사람들의 관심을 받았습니다. 이런 때에 롯데캐슬골드파크가 들어선 것입니다. 부지도 괜찮고, 도로도 괜찮아 인기가 급상승했습니다. 당시 금천구에서 가장 비싼 아파트가 평당 1천만 원 전후였습니다. 대부분 1천만 원이 안 됐고 시흥역에 있는 남서울힐스테이트만 1천만 원이 좀 넘었습니다. 그런데 롯데캐슬골드파크 1차를 평당 1천3백만 원에 분양했는데 완판되고 프리미엄까지 엄청나게 붙었습니다. 2차는 1천4백만 원, 3차는 1천5백만 원이었는데, 모두 프리미엄이 붙어 평당 2천만 원이 됐습니다. 금천구에서 독보적으로 비싼 아파트가 된 것입니다.

독산동에는 우시장이 있는데, 그 옆에 e편한세상이 분양하여 완판이 되었습니다. 우시장은 고기 냄새가 나 비선호시설로 분류할 수 있는데, 지역 재래시장이고 집단적으로 많은 고기를 싸게 살 수 있기 때문에 없앨 수 없습니다. 다만 2030 서울시 생활권 계획에 우시장 정비사업이 포함되어 있어, 지금보다 더 깔끔하게 만들기는 할 겁니다. 사실 상권이 없어지는 것보다는, 차라리 현대적으로 바꾸는 것이 훨씬 좋습니다.

동네 이름이 20m 도로, 50m 도로라니 참 희한합니다. 시흥대로가 50m 도로고 관악산 안쪽에 있는 게 20m 도로입니다. 50m 도로는 예전에 왕이 행차하던 길이어서 의미가 있습니다. 경수산업도로라고도 하는데, 서울과 수원을 연결하는 산업도로로서 우리나라 1번 국도입니다. 경부고속도로가 생기기 전까지는 차들이 제일 많이 다녔던 도로입니다. 20m 도로 안쪽 작은 길에는 병원도 많고 굉장히 복잡합니다. 그곳이 시흥사거리이고 금천시장, 대흥시장, 독산시장 등 근처에 시장이 많습니다. 지금이야 홈플러스가 있지만 생기기 전에는 마트가 하나도 없어 지역 주민들은 모두 재래시장을 이용했습니다. 남문시장도 유명합니다. 맛집도 있고 좋은데, 주차 공간이 없습니다. 시흥동에 방문할 때는 자가용보다 대중교통을 이용하는 게 더 좋습니다.

시흥동에는 벽산타운이 6단지까지 있습니다. 이곳은 관악산 턱을 깎아서 만들어 경사가 보드를 타고 내려와도 될 정도로 가파릅니다.

원래 판자촌이 있었는데, 정비하면서 그 부지에다 아파트를 세웠던 것입니다. 일종의 재개발입니다. 벽산타운은 세대수가 엄청납니다. 다 합쳐 7천~8천 세대 정도 됩니다. 금천구를 통틀어 평당 1천만 원을 넘은 최초의 단지입니다. 대단지이기 때문에 가능했죠. 벽산타운이 평당 1천만 원이 넘었기 때문에 그 밑에 있는 시흥동 남서울힐스테이트가 평당 1천2백만 원에 분양을 할 수 있었습니다.

금천구청역 중심으로 예전에는 역이 시흥역 하나밖에 없었습니다. 분위기도 굉장히 칙칙했습니다. 그런데 남쪽으로 남서울 힐스테이트, 북쪽으로 롯데캐슬골드파크가 개발되면서 굉장히 깔끔해졌습니다. 이런 대형 주거시설이 들어오면 지역 분위기를 전반적으로 바꿔놓을 수 있습니다.

신안산선으로 교통이 확장되다

신안산선 독산역이 들어서면 여의도 출퇴근이 엄청나게 쉬워집니다. 금천구뿐만 아니라 영등포, 구로, 광명, 안양, 안산 등 신안산선이 지나는 지역은 다 좋습니다. 이게 서울도시철도가 아니라 광역철도인데, 광역철도 중에서도 제일 좋은 노선이라 기대가 많이 됩니다.

금천구 옆에는 관악산 지류가 있고, 호압사가 있는 삼성산도 있습니다. 관악산이 있어서 좋다고 생각할 수도 있지만 시흥동은 깎아서 만든 지형이기 때문에 제대로 산을 살리는 지형은 아닙니다. 그래서 독산동과 시흥동이 관악산 옆이라 좋다고 하는 사람은 별로 없습니다. 근처에 안양천이 있긴 하지만 물도 거의 없습니다. 시흥동이나 독산동의 서부간선도로가 지중화하면 호재로 작용할 수 있습니다. 지금은 단절이 되어 있는데 지중화 작업 후에는 연결될 것입니다. 이 때는 남서울힐스테이트가 최대 수혜지가 될 것입니다. 이곳 상가 가 가끔 경매에 나오는데 임대료가 깜짝 놀랄 정도입니다. 1층 상가 10평, 12평이 4백~5백만 원씩 합니다. 이걸 보면, 이 동네 장사가 제법 되고 있구나 느낄 수 있습니다.

 신안산선이 금천구의 위상을 바꿔놓을 것입니다.

 금천구에는 대규모 개발부지가 많으므로 항상 눈여겨봐야 합니다.

 금천구는 교통이 불편하지만 그 불편함을 해소하는 호재가 동시에 존재하는 지역입니다.

그래서
어디를
살까요

동작구

동작구는 강남이 가깝고 교통이 편리하여 굉장히 좋은 입지입니다. 이렇게 입지가 좋은데 발전이 더딘 곳이기도 합니다. 왜 그럴까요? 동작구, 자세히 살펴보겠습니다.

작지만 강한 서울의 중심 입지 동작구

동작구 하면 노량진과 흑석동이 떠오릅니다. 사당동은 사실 동작구 이미지가 없습니다. 관악구 느낌이 더 납니다. 서울대입구역과 비슷해 보이기도 합니다. 구마다 대표적인 동이 있는데, 동작구는 단연 노량진입니다. 이어 수산시장도 함께 떠오르고, 재수학원과 공무원학원도 떠오릅니다.

노량진뉴타운은 아직까지 하나도 추진이 되지 않았습니다. 이곳이 정말 낙후되었는데, 주거중심지였으면 뉴타운이 빠르게 진행됐을 것입니다. 하지만 학원가와 수산시장 등 상권이 중심이다 보니, 아무도 신경을 안 썼던 것입니다. 상업시설은 뉴타운이 진행되는 동안 돈을 못 버니 민감할 수밖에 없습니다.

동작구에서 가장 주목해야 할 지역!? 노량진뉴타운!

강남과 가깝고 9호선도 있어 교통이 편리하며, 한강도 가까운 좋은 입지인데 아직까지도 옛 상태 그대로인 것은 그만큼 이해관계가 복잡하기 때문입니다. 근처 영등포뉴타운, 신길뉴타운보다 진행이 한참 늦은 이유도 같습니다. 그러다 보니 현재 노량진과 흑석은 서울 개발을 시작할 때부터 서울이었는데, 지금은 가장 서울답지 않은 지역이 돼버렸습니다.

2030 서울시 생활권 계획을 보면, 현재 노량진생활권에는 녹지가 없는데 노량진뉴타운을 만들면서 십자모양의 숲길이 생길 예정입니다. 노량진뉴타운은 2003년 지정된 후 오랜 세월이 지났습니다. 2006년에 가장 뜨거웠는데, 그때 가격이 평당 3천~4천만 원이었습니다. 그 가격을 지금까지 이어온 것입니다. 뉴타운이 빨리 진행되지 못하는 이유가 여러 가지 있는데 그중 하나는 앞서 얘기했던 상권의 이익과 충돌하기 때문입니다. 그 외에 정치적인 이유도 있고 동의율 문제 그리고 지질 문제도 있습니다.

우리나라는 산이 많고, 길이 좁아 공사차 진입로를 확보하지 못하는 경우가 있습니다. 일단 진입로부터 확보해야 합니다. 이곳은 소방도로도 없어 더 진척되기가 힘듭니다. 입지는 너무 좋은데 해결해야 할 것들이 많아 늦을 수밖에 없는 것입니다. 자연환경으로 한강을 끼고 있지만 한강 접근성은 떨어지고 숲속은 국립묘지와 현충원

9호선이 지나는 노량진역 일대. 교통도 편하고 한강도 가깝고 중심업무지구인 여의도 접근성도 좋은 지역인 만큼 향후 진행될 노량진뉴타운에 많은 관심이 모이고 있지만, 이해관계가 복잡해 진행이 더디다.

에 몰려 있습니다. 그러니까 노량진의 미래를 그려보면 일단 시간이 좀 많이 걸리기는 할 것입니다. 주거지역이 정비되고 구 수산시장도 정비되면 노량진 역세권 개발을 할 것입니다. 그때 지하철 1호선 지중화 작업을 하면 한강을 걸어서 갈 수 있게 됩니다. 여의도까지 쉽게 걸어갈 수 있는 거죠. 여의도가 노량진까지 확장하는 것으로 봐도 좋습니다. 이게 2030 서울시 생활권 계획의 방향성이고, 충분히 실현 가능성이 있습니다.

노량진 학원은 예전에는 대부분 재수학원이었습니다. 현재는 공무원학원, 경찰학원, 공인중개사학원 등 종류가 다양해졌습니다. 그런데 유흥시설이 너무 많습니다. 공부하다가 힘들면 바로 술 마실 수 있는 환경이 잘 되어 있는 점이 흥미롭습니다. 요즘은 인터넷 강의 때문에 노량진 학원가도 약간 주춤한다고 합니다. 쉽게 잘 가르치는 강사의 강의를 지방에서도 들을 수 있으니 획기적이죠. 예전에는 지방 사람들이 노량진에 와서 학원 다니고, 원룸이나 고시텔에서 살곤 했습니다. 그런데 요즘에는 인터넷 강의가 잘 되어 있으니 오프라인 학원 수요가 줄고 상권이 변했습니다. 이렇게 상권이 변했기 때문에 오히려 그동안 진행되지 않던 뉴타운도 추진될 수 있지 않을까요?

노량진에는 두 수산시장이 있습니다. 예전부터 있던 수산시장(구 수산시장)과 현대화한 수산시장(신 수산시장)입니다. 상인들이 구 수산시장에 있던 위치를 포기하고 신 수산시장으로 옮겨야 하는데, 매출이 걸린 문제인 만큼 위치 이전은 굉장히 민감한 문제입니다. 그럼에도 현대화는 꼭 필요한 과정입니다. 그래야 오는 사람도 편하고 장사하는 분도 편합니다. 노량진 수산시장은 외국인들이 관광코스로도 많이 온다고 합니다. 1층에서 살아 있는 물고기를 골라, 2층에서 바로 먹고 탕도 끓여주니 외국인에게는 신선한 문화입니다. 현대화할 때 길을 잘 모르는 외국인도 어디든 쉽게 잘 찾아갈 수 있게 표지판을 정비한다면 더 좋을 듯합니다.

노량진은 예전 재수학원이 몰려 있던 곳에서 새롭게 변모하여 한류의 중심으로 떠오르고 있습니다. 기본적으로 사람이 많이 오는 중간입지인데, 수산시장이 현대화되면 더 많은 사람이 오게 될 것입니다. 일단 부동산은 사람이 많이 오면 가치가 올라갑니다. 또 정돈이 되면 깔끔해지니 '여기 집을 좀 고쳐 살면 좋겠네.' 하는 사람들이 많아집니다. 그러면 뉴타운이 활성화되는 겁니다.

예전에는 1호선 노량진역과 9호선 노량진역이 너무 멀어 환승하기가 굉장히 힘들었습니다만, 2015년에 환승통로가 생겨 상황이 나아졌습니다. 9호선에다가 급행도 서는 역이라 상권이 좋아질 수밖에 없습니다. 노량진역에 내리면 근처에 아파트가 없고, 대신 노량진초등학교가 초역세권 초등학교로 9호선을 끼고 있습니다. 노량진뉴타운을 진행하면서 노량진초등학교는 신축 이전될 예정입니다. 그리고 맞은편 동작구청은 장승배기역 쪽으로 이전 계획이 있습니다. 기존 동작구청 부지는 상업지역으로 고밀도 재개발합니다.

동작구 그래서 어디를 살까요?

동작구에서 처음으로 브랜드 아파트가 들어갔던 곳이 상도동입니다. 래미안과 더샵이 들어섰지요. 이곳은 평지가 하나도 없고, 낮은 산 지형입니다. 2010년 이후 상도동에 분양한 아파트 중에 완판된 아파트는 단 한군데도 없습니다. 그러니까 장승배기역 초역세권에 있는 상도파크자이와 상도두산위브트레지움은 미분양이 있어서 재작년까지 팔았습니다. 보통 아파트가 들어서면 같은 연식으로 들어서는데 상도더샵은 2004년, 2007년, 2008년, 2014년 이렇게 연식이 제각각입니다. 그래서 역세권에 가까우면 더 비싸거나 하지 않고, 연식에 따라서 가격이 다릅니다.

상도파크자이는 장승배기역 바로 앞 초역세권이자 지역주택조합 아파트입니다. 상도동, 장승배기역 근처는 거의 다 지역주택조합입니다. 지금도 분양하는 게 많습니다. 그런데 지역주택조합은 잘 알아보고 해야 합니다. 서울에서 2백 개 정도 진행을 했다면 실제로 된 곳은 30~50개 정도입니다. 될 확률이 굉장히 낮은 겁니다. 지금 동작구에 지역주택조합 모집이 많습니다. 가격만 보면 굉장히 매력적입니다. 한강 근처인데, 평당 1천3백~1천4백만 원입니다. 이 정도면 서울이 아니라 경기도 가격입니다. 하지만 그것만 보고 했다가는 큰코다칩니다. 추가 분담금이 생길 수 있고, 중간에 사업이 무산될 수도 있습니다. 지역주택조합은 지주가 토지를 주는 게 아니라 사용권을 주는 것입니다. 그래서 95%가 다 되어야 '그래요, 가져가세요'가 되는 건데, 94%에서 무산될 수도 있습니다. 지역주택조합은 싸게 좋은 물건을 얻겠다는 마음으로 하는 건데, '싼데 왜 나만 하고 다른 사람들은 안 할까?'라는 생각을 해봐야 합니다. 시간도 많이 걸리고, 불확실해 마음 고생할 확률이 높습니다.

또 동작구에서 학군을 보면 집을 선택하기 쉽지 않습니다. 학교가 있는 것 자체가 프리미엄입니다. 다만 상현초등학교라는 혁신초등학교가 하나 있는데 인기가 많아서 이 초등학교 근처에 있는 아파트 단지가 수요가 많습니다.

상도동 상권은 어떨까요? 쉽게 생각하면 숭실대입구역 근처로 상가가 있어 상권이 좋을 것 같은데, 알고 보면 그렇지도 않습니다. 상권이 잘 크려면 평지에 있는 게 좋은데 이곳은 언덕이 많으니 사람들이 잘 놀러 오지 않습니다. 그래서 골목 골목까지 상권이 활성화되지 못했습니다. 상도동은 예전에는 그렇게 인기 있는 지역이 아니었는데 7호선이 개통된 다음에는 동작구에서 가장 살기 좋은 주거지가 되었습니다. 7호선을 타고 강남권으로 갈 수 있었던 게 굉장히 중요한 역할을 했습니다.

동작구에서 신대방동을 빼면 서운합니다. 이곳도 살기 좋은 지역입니다. 길 건너 영등포구가 있어서 동작구에서는 영등포 분위기가 살짝 나는 지역입니다. 이 지역의 큰 장점은 바로 보라매공원이 있어 쾌적하다는 것입니다. 보라매공원이 무척 커서 동작구와 관악구에 걸쳐 있습니다. 그래서 관악구 느낌이 나기도 합니다.

길 하나만 건너면 영등포구 신길동과 대림동이 있는데, 아파트 조건이 똑같아도 신대방동이 압도적으로 비쌉니다. 이걸 보면 이곳이 영등포구보다 입지가치가 좋다는 걸 알 수 있습니다. 또 신림선 경전철역과 신안산선역도 근처에 생길 수 있어 무엇보다 여의도 접근성이 더 좋아질 전망입니다. 그리고 신대방동이 동작구에서는 가장 평지에 가까운 지형이라 주거지로 적당합니다. 빌라촌도 잘 되어 있고 원룸도 많습니다. 관악구와 붙어 있기 때문에 1인 가구 수요도 함께 공유합니다.

흑석동은 지난 3년간 동작구에서 가장 큰 주목을 받았습니다. 한 지역이 계속 관심을 얻으려면 새 아파트가 정기적으로 생겨야 합니다. 이곳은 강남과 접근성이 좋았고 그래서 호재 이슈가 많았습니다. 또 상도동에 없는 9호선도 있습니다. 이곳은 한강이 보이는 아파트가 많습니다.

옛날 아파트 중에서는 명수대현대가 있는데, 한강을 조망할 수 있어 굉장히 비싸고 매물도 없습니다. 신규로 분양하는 아파트 중에서는 아크로리버하임이 있습니다. 흑석뉴타운 중에서 한강을 조망할 수 있는 세대수가 가장 많이 나오기 때문에 굉장히 비쌉니다. 그게 평당 2천만 원 중후반 정도에 분양을 했는데 지금은 3천만 원이 넘고 로열층은 4천만 원까지도 거래되고 있다고 합니다. 그래서 아크로리버하임이 랜드마크가 되면 흑석뉴타운은 그걸 기준으로 가격이 형성될 텐데, 그러면 다 3천만 원대라는 얘기입니다. 평지보다 지대가 높은 게 한강이 보일 가능성이 높아서 오히려 장점이 되었습니다.

또 흑석동에는 중앙대학교와 중앙대병원이 있습니다. 병원이든 학교든 양질의 일자리를 제공하며, 대학가는 전부 상권입니다. 이곳은 주변 동과 모두 동떨어져 있어 마치 외딴 섬 같습니다. 그런데 이렇게 높은 시세를 유지할 수 있었던 건 중앙대와 중앙대병원이 있기 때문입니다. 여기에 9호선까지 들어와 더 좋아진 것이고요.

교통의 요지 사당역

교통의 요지 사당역도 살펴볼까요? 사당역도 왠지 사람이 모이기보다는 스쳐간다는 느낌이 많이 듭니다. 친구와 약속을 잡을 때도 보통 사당보다는 강남에서 보기로 하지 않나요? 지방에서 오는 친구와 만날 때 중간 지점을 찾으려면 사당이 좋지만, 상권이 한정되어 있어 잘 안 가게 됩니다. 파스텔시티 빼고는 새 건물조차 거의 없습니다. 사당역의 대표적인 상권은 남현동과 방배동입니다. 남현동은 문화재길이 있고, 홈플러스도 있습니다. 권리금이 어마어마합니다. 파스텔시티 반대편은 방배동인데 보쌈과 족발이 유명합니다. 두 곳다 동작구는 아니지만 사당생활권입니다.

사당역 역세권은 개발하기 어렵습니다. 일단 자리가 없습니다. 광역환승센터 계획이 있지만 땅을 파야하기 때문에 시간과 비용이 많이 듭니다. 그리고 기존 건물 자체가 엄청나게 낡았습니다. 하지만 방배동 쪽에 재개발, 재건축이 활성화하기 시작했으니 영향은 많이 받을 것입니다. 사당역은 차가 워낙 많아 잘 막히기도 합니다. 또 수도권의 지방캠퍼스 스쿨버스가 사당역에서 대학생들을 많이 태우는데, 그래서 학생들이 이곳에서 소비를 많이 합니다. 또 과천에 술집이 없어 사당으로 넘어오는 경우도 있습니다.

사당동이 동작구에서는 아파트 가격이 제일 저렴했습니다. 그때는 상업시설 위주였으니까, 주거시설에 프리미엄을 주지는 않았습니다. 그런데 최근에 워낙 강남 접근성이 좋고 새 아파트가 들어오고 이슈가 되니 가격이 많이 올랐습니다. 길 건너편 서초구 방배동에 재건축이 진행되면 이주 수요도 받을 수 있고 방배동 시세가 올라가면 사당동도 어느 정도 따라가기 때문에 사당동 아파트는 한동안 계속 올라갈 것입니다.

주거시설은 이수역 근처에 많습니다. 보통 아파트 이름에 '사당'이 아닌 '이수'를 쓰는 경향이 있습니다. 힐스테이트이수가 있는데 굉장히 비쌉니다. 그 밑에 사당 3구역 재건축도 2018년 7월 일반분양이 나올 것입니다.

이렇듯 길 건너 방배동과 사당동은 개발되며 시너지 효과를 주고받을 것입니다. 또 서초동 서리풀터널, 장재터널이 뚫립니다. 그대로 진행되면 이곳에서 강남 테헤란로까지 직선으로 갈 수 있습니다. 그게 가장 큰 호재입니다. 현재 남부순환로가 막히는데, 서리풀터널을 뚫으면 분산 효과가 생길 것입니다.

미래가치를 발견하다

동작구는 개발 방향성이 확실합니다. 계획이 얼마나 빨리 추진되느냐가 관건입니다. 영등포구와 동작구 사이로 신안산선 계획이 있습니다. 미래가치에 반영되는 중요한 사안인데, 3년째 밀려서 언제 개통될지 알 수 없습니다. 앞으로 지켜봐야 할 문제입니다. 그리고 강남 접근성도 양호하고, 종로구와 중구로 가기도 수월하며, 여의도로 가기도 무척 좋습니다. 일자리가 많은 지역과 접근성이 좋아 입지 자체의 가치만으로도 충분히 주목받을 만합니다.

먼 미래에 노량진뉴타운이 개발되어 새로운 주거시설이 들어온다면 학원가도 바뀔 것입니다. 대치동 학원가, 목동 학원가처럼 어린 연령층을 타깃으로 한 학원이 많이 생기지 않을까 예측해봅니다. 공무원시험 준비는 인터넷 강의로 할 수 있으니 수요가 줄어들 것입니다. 처음에 노량진 학원가가 생겼을 때는 지방에서 온 학생들의 영향이 컸습니다. 서울역과 영등포역에서 가깝고 그 두 곳보다 가격이 저렴했습니다. 그러니까 노량진이 좋아서라기보다는 밀려난 상권이 들어오는 방식이었습니다. 그런데 노량진뉴타운이 추친된다면 사정은 완전히 달라질 것입니다.

● ● ●

동작구는 작지만 강한 지역입니다. 우리나라처럼 자원이 없는 곳은 항상 매개체, 메신저 역할을 하는 것이 매우 중요합니다. 자체에서 무언가를 생산하거나 일자리가 많지는 않지만 일자리 배후 지역으로 굉장히 좋은 입지이기 미래가치가 높습니다. 영등포뉴타운, 신길뉴타운, 노량진뉴타운, 흑석뉴타운이 완성되면 중심은 여의도와 가장 가까운 노량진뉴타운이 될 것입니다. 업무지구와 주거시설을 동시에 쓰면 더 발전할 수 있을 것입니다.

 서울에서 일자리가 많은 지역인 강남권, 도심권, 여의도 모두와 접근성이 좋은 입지입니다.

 사당동은 방배동 재개발의 이주 수요를 받으며 방배동 시세를 어느 정도 뒤쫓을 수 있을 겁니다.

 시간이 많이 걸리겠지만, 노량진뉴타운의 미래가치는 엄청납니다.

그래서
어디를
살까요

경의선숲길

4장
저평가 우량주가 많은
한강 북쪽

강북구, 광진구, 노원구, 도봉구, 동대문구, 마포구

강북구

강북구 주변은 모든 게 다닥다닥 붙어 있어서 굉장히 헷갈립니다. 그럴수록 더 정확하게 알아둬야겠지요. 이제부터, 알고 보면 곳곳에 투자 포인트가 숨어 있는 강북구를 살펴보겠습니다.

도심과 가까운 가성비 갑 강북구

강북구 주변은 모든 게 다닥다닥 붙어 있어 굉장히 헷갈립니다. 성북구와 강북구를 헷갈리는 사람도 많습니다. 이런 지역은 따로 정리하여 구별해두는 것도 좋은 방법입니다.

작은 호재도 없는 것보다는 낫다, 경전철 우이신설선

강북구 이슈는 단연 경전철 우이신설선입니다. 강북구의 동 구조는 우이동, 미아동, 번동, 수유동으로 참 간단합니다. 이런 곳은 보통 동 단위로 호재가 생기고, 호재도 적을 수밖에 없지요. 파악하기도 쉽고, 큰 변화도 없습니다. 변화가 없는 지역에 경전철 우이신설선이 생겼으니, 그것 하나만으로도 호재가 됩니다. 우이동 쪽에 북한산으로 들어갈 수 있는 매표소가 두세 군데 있기 때문에 등산하는 분들이 타고 다니기 좋습니다. 이 경전철이 지나는 곳에 굉장히 높은 지대에 있는 아파트도 있는데 경전철이 이 아파트 가격에 영향을 줄지 관심이 컸습니다. 일단, 그곳 주민들은 무척 좋아했지요. 전철이 없는 지역에는 전철이 들어가는 것 자체가 지역 프리미엄을 올려주기 때문입니다. 그런데 경전철과 중전철(보통 우리가 말하는 전철)의 프리미엄 격차는 생각보다 큽니다. 예를 들어 일반 전철역이 들어오면 생기는 프리미엄이 100이라면, 경전철은 30도 안 됩니다. 그렇지만 0보단 훨씬 나은 것이지요?

경전철 우이신설선은 북한산이나 도봉산 등산객에게 편리함을 제공하고, 그 지역 다세대 빌라도 과거보다 활성화시킬 것입니다. 아파트 금액도 올랐는데, 이건 우이신설선 때문이라기보다는 대세 상승기라 오를 때가 되어 오른 것으로 판단합니다. 하지만, 대세 상승기 때도 경전철 우이신설선이 없는 것보다는 있는 게 가격이 오르는 데 도움이 됐겠지요. 경전철이 들어온다면, 처음에 치고 빠지는 사람은 민감하게 반응해야 하지만 실거주자는 호재를 신경 쓰지 말고 들어가야 합니다.

강북구의 도로는 옛날에 쓰던 도로를 아직도 그대로 쓰기 때문에 차도 많이 막히고 복잡하게 느껴집니다. 그렇지만 이 도로를 확

2017년 9월 개통된 우이신설선 화계역 일대. 사업성이 높은 동북선도 강북구를 지나간다. 서울 도심과 가까우면서 가성비 높은 지역을 찾는다면 강북구가 대안.

장하기는 어렵고, 경전철 우이신설선이 생기기는 했지만, 충분하지 않아 동북선도 뚫을 예정입니다. 서울시 경전철 계획이 9개 정도 되는데, 그중 동북선이 사업성이 높기에 잘 진행될 것입니다. 동북선이 들어오면 이미 있는 미아삼거리역까지 포함하여 더블 역세권이 됩니다. 동북선은 노원구, 성북구, 강북구를 아우르며 지나는 노선입니다.

2030 서울시 생활권 계획을 보면 동북권 개발 계획이 가장 많습니다. 워낙 취약한 데가 많기 때문입니다. 전반적으로 서울은 이미 질적 성장 시장에 돌입했는데 동북권은 아직까지 양적인 성장도 필요한 시장입니다. 개발의 여지가 많고 또 가격도 저렴하기 때문에 관심을 가지면 좋습니다.

사실 도봉구, 중랑구 등 강북구보다 싼 지역도 있습니다. 그런데 서울 도심에 더 가까우면서 가성비가 높은 지역이 강북구입니다. 그리고 북한산을 좋아한다면 은평뉴타운보다 오히려 이쪽이 더 좋습니다.

미아뉴타운 수혜지역을 살펴라

이런 교통 호재 말고도 주거시설이 대규모로 바뀌는 호재가 있는데, 바로 미아뉴타운입니다. 눈이 오면 가장 먼저 치워야 될 곳이 미아뉴타운이라는 우스갯소리가 있을 정도로 산 위에 있습니다. 북한산이 가까워 자연환경이 무척 좋지만, 그 덕에 강북구는 지대가 높습니다. 이런 것이 시세에 반영이 되어 서울에서는 가장 집값이 저렴한 5개 구 중 하나입니다. 그래서 지금 일반 서민들이 접근하기에 가장 좋은 지역일 수 있습니다.

그리고 친환경 지역입니다. 산을 끼고 있는 숲세권이고, 바위산이 아닌 나무산이라 조용하고 쾌적합니다. 조용하게 단독주택에 살고 싶다면 굉장히 좋은 지역 중 하나이지요. 미아역 근처 상권도 잘되어 있습니다. 성북구에는 백화점이 없는데 여기에는 백화점이 2개나 있습니다. 찬찬히 살펴보면, 상권이 성북구 길음뉴타운보다 더 좋습니다. 그런데 강북구 상권을 길음뉴타운이 쓰고 있는 느낌입니다.

교통도 편리하고 상권도 좋고 새 아파트도 밀집해 있습니다. 그리고 성북구에 장위뉴타운이 있는데 얼핏 강북구로 잘못 알기 쉽습니다. 그 정도로 가까운데, 그렇게 옆에 대규모 주거단지가 들어오면 상권을 함께 이용할 수 있기 때문에 서로 혜택을 봅니다. 그러니 강북구와 성북구를 너무 분리해서 볼 필요는 없습니다. 지도를 보면 미아뉴타운, 길음뉴타운, 장위뉴타운이 삼각편대를 이룹니다. 가운데에 미아삼거리역이 있는데, 여기가 중심이 될 것입니다.

현재는 강북구보다 성북구 집값이 더 비쌉니다. 길음뉴타운과 미아뉴타운은 바짝 붙어 있는데도 평당 5백만 원 이상 차이 나는 곳도 있습니다. 권역에 따라 가격이 함께 오르내린다면, 현재 강북구 미아뉴타운이 더 저렴합니다. 그런데 길음뉴타운에는 이제 더 생길 것이 없고 강북구 권역에는 계속 정비가 진행 중입니다. 미래가치를 본다면 미아뉴타운이 유리합니다.

미아재정비촉진지구도 진행 중입니다. 2030 서울시 생활권 계획에서 추가된 지역이 삼양사거리인데, 이쪽은 학원가로 개발한다고 합니다. 일자리가 없는 게 조금 아쉽기 하지만 주거지로서는 괜찮은 면모를 갖추고 있습니다. 그리고 삼양역 근처에 있는 미아 3구역이 이번에 관리처분인가 총회를 하면서 입주합니다. 이렇듯 대단지 아파트가 들어설 수 있는 곳이 곳곳에 있습니다. 또 북서울꿈의숲이라는 좋은 공원도 있습니다.

강북구의 아파트를 보면 병풍처럼 쫙 펼쳐 있는 신기한 아파트들이 있습니다. 벽산라이브파크, SK북한산시티, 두산위브트레지움, 삼각산아이원, 정릉풍림아이원 등인데, 이곳들은 지대가 높고 경사가 가팔라서 임장을 할 때 힘들었던 기억이 납니다. 대신 공기가 상당히 맑고 쾌적하며 다른 지역보다 서늘해 에어컨을 쓰지 않는 주민도 많다고 하네요.

번동 얘기를 해볼까요? 일단, 교통이 좋지 않습니다. 들어가기가 참 애매한 구조입니다. 상권도 부족합니다. 주변에 마트가 없어서 주민들은 동네 슈퍼마켓을 마트처럼 이용합니다. 여기에 전철이 하나 들어오게 되면 교통망도 좋아지지만 상권도 이전보다는 조금 더 좋아집니다. 경전철이나 전철을 뚫을 때 단순히 그게 사업성이 되느냐만 따져서는 안 됩니다. 교통으로 지자체 프리미엄이 생기기 때문에 나라에서는 이 부분도 생각하여 정책을 펼쳐야 합니다. 이 부분까지 생각하면 동북선도 더 빨리 추진할 수 있지 않을까요? 번동은 장위뉴타운 이주 수요를 받을 수 있어, 가격이 오를 가능성이 있습니다.

숨은 고수들의 상권, 수유

강북구 상권은 옛날부터 이어져 왔는데, 사창가 같은 상권이 아직 남아있습니다. 그게 정비되면 환경이 더 좋아질 것입니다. 백화점도

2개 있는데, 모두 역세권입니다. 서울에서도 백화점이 2개 있는 지역은 드뭅니다. 이마트까지 포함하면 신세계, 롯데, 현대가 모두 있습니다. 그만큼 수요가 있다는 걸 알고 기업들도 들어갔겠지요. 인구 밀집도도 상당합니다. 산 지형을 뺀 인구 밀집도를 생각한다면, 실제 밀집도는 수치로 나타난 것보다 더 높을 것입니다.

시외버스터미널이 마장동에서 수유로 이전하면서 수유의 상권이 엄청나게 커졌습니다. 이곳에 군인들이 참 많은데, 복귀하기 전 수유 상권에서 노는 것입니다. 강북구는 상가 임대료가 보통 1층에 4백~5백만 원씩 하는데도 경매에 나오는 일은 거의 없습니다. 알짜배기 장사가 많기 때문이지요. 그리고 또 전세, 월세 거래도 많아서 중개업소도 잘 된다고 합니다. 이 정도로 상권이 굉장히 살아 있습니다. 오후에 10~20대가 많고, 늦은 시간이 되면 30대가 옵니다. 그리고 주말에는 북한산 등산객이 찾습니다. 밖에서 보기에 '장사가 잘 될까?' 생각할 수도 있지만, 숨은 고수는 그 안에서 조용히 장사를 잘하고 있습니다.

현재 서울 곳곳에 테마상권이 있습니다. 골목길 상권이라고도 하는데, 경리단길이 대표적인 예이지요. 그런데 강북구도 골목길 상권이 들어오기 좋은 입지입니다. 아직까지는 값이 저렴하고, 산도 있으며, 수유 북부시장, 수유 중앙시장 등 전통시장도 많습니다. 이런 곳은 이미 그곳만의 문화가 있기에 테마상권이 되기 안성맞춤입니다. 게다가 워낙 인구밀도가 높고 근처가 대학가라 젊은이도 많기

때문에, 이 지역의 다가구 건물을 매입하여 셰어하우스를 운영하는
등 변화를 시도해보아도 괜찮을 것 같습니다.

 서울이 워낙 많이 올랐기 때문에 상대적으로 저렴한 강북구는 가성비 차원에서 접근하기 좋은 지역입니다.

 인구 밀집도도 높고 대학생, 군인, 등산객 등도 많이 모이는 지역인 만큼, 강북구는 생각보다 상권이 잘 발달해 있습니다.

 다가구 경매가 나오면 리모델링해 가치를 높여 임대 또는 재매도하는 방법도 좋을 듯합니다.

그래서
어디를
살까요

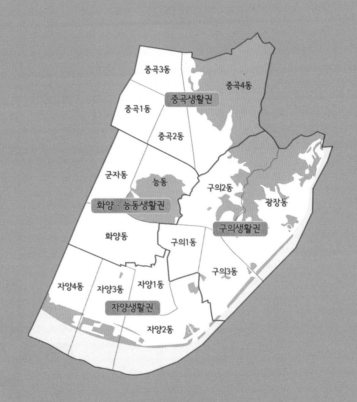

광진구

광진구는 서울의 가장 끝에 있지만 한강을 끼고 있고, 교통이 편리하며, 볼거리도 많아 사람들이 굉장히 좋아합니다. 좋은 입지 광진구 이야기 시작해 볼까요?

한강을 예쁘게 낀 매력 입지 광진구

광진구는 전체적으로 넓은 한강을 볼 수 있는 장점이 있습니다. 이런 광진구는 4개 권역으로 나뉩니다. 중곡, 화양·능동, 자양 그리고 구의입니다. 각 권역마다 특징이 명확합니다. 구의는 명품 주거지였습니다. 자양동도 주거지인데 노후된 아파트가 많아서 강남권 재개발이 끝나면 다음 타자로 개발될 수 있습니다. 화양·능동은 건대입구역 근처 대표적인 유흥가입니다.

또 중곡동은 어린이대공원 후문으로 유명합니다. 전통적으로 빌라촌이며, 우리나라에서 서울대를 가장 많이 보낸다는 대원외고가 있습니다. 근처에 고등학교가 밀집해 12월에는 전월세가 잘 나가는 지역으로 꼽힙니다.

워커힐과 광장동 아파트

한강이 보이는 워커힐아파트가 들어섰다는 것만 봐도, 광진구 자연
풍광이 얼마나 아름다운지 알 수 있습니다. 대부분 자연풍광이 좋은
곳은 칼바람이 불어 풍수가 좋지 않습니다. 그래서 워커힐아파트도
풍수적으로는 좋은 입지가 아니라고 합니다. 하지만 광장동 전체를
보면 얘기가 달라집니다. 워커힐아파트가 광장동으로 향하는 강한
살기를 막아줍니다. 즉, 광장동 전체로 보면 좋지만, 워커힐아파트
자체 입지는 별로인 것이죠. 이런 곳은 보통 관광지나 상업 입지로
쓰면 됩니다. 그래서 호텔도 들어온 것이겠죠. 워커힐호텔이 처음에
생길 때는 외국인 전용 호텔이었습니다. 박정희 대통령 때 미군 부
대가 있어 외국 손님이 많이 왔는데 한국에 제대로 된 호텔이 없었
습니다. 그래서 제대로 대접하고 관광할 만한 호텔로 지은 게 워커
힐호텔입니다.

　광장동은 주거지로서 좋은 입지입니다. 이 지역 랜드마크라고 할
수 있는 광장힐스테이트는 구조가 독특합니다. 앞은 고층이고 뒤
는 저층인 테라스 하우스입니다. 앞쪽보다 뒤쪽이 더 인기가 많습니
다. 가운데 중앙 정원이 있는데 그걸 저층 테라스 하우스로 활용하
여, 자기 집 앞마당처럼 볼 수 있게 설계를 해놨습니다. 그래서 단지
가 굉장히 멋집니다. 아주 큰 대단지는 아니지만, 주상복합이라 상
가도 예쁘게 해놓고, 스타벅스도 입점해 있으며, 초품아이기도 합니

강변역 인근 쇼핑몰에서 바라본 한강. 모든 지역의 한강뷰 프리미엄이 대단하지만, 특히 수로의 초입에 위치하며 전체적으로 넓은 조망이 가능한 광진구의 한강뷰가 최고인 것으로 손꼽힌다.

다. 주거 만족도가 광진구에서 가장 높을 것입니다. 여기는 원래 공장 부지여서 100% 일반분양을 했습니다. 상업 지역이었기 때문에 땅값이 비싸서 분양가도 비쌌습니다. 분양을 비싸게 하려면 공들여 지어야 했는데, 그래서 마감재도 좋은 걸 썼습니다. 워낙 비싸기 때문에 투자가치는 높지 않을 수 있지만 실거주자에게는 광진구에서 가장 좋은 아파트일 것입니다.

강변역 근처 현대프라임에서도 한강이 보입니다. 작은 단지인 현대프라임 24평에 한강이 보여 랜드마크가 됐고, 그런 평가는 계속 이어질 것으로 예상했습니다. 광장힐스테이트는 한강이 사이사이 조금 보이긴 하지만 그보다는 새 아파트에 대한 수요와 단지의 우수성으로 랜드마크가 됐다고 보는 게 더 정확할 겁니다.

광장동 극동아파트도 주목할 만합니다. 여기는 언젠가 재건축이 될거고, 재건축되기만 하면, 무척 좋습니다. 거의 모든 세대가 한강을 볼 수 있고, 한강의 정기를 동향에서 받습니다. 전철도 있고, 상권도 개발되어 있어 실거주하기도 좋습니다.

자양동에는 자양현대, 로얄동아 등 2백 세대 규모의 나홀로 단지가 뭉쳐 있습니다. 성수동에서 이어지는 느낌이어서 중공업 분위기가 납니다. 원래 광장동보다는 자양동이 서울 도심에 더 가깝기 때문에 더 좋은 시설을 넣었어야 하는데 실상은 그렇지 않습니다.

핫한 건대 상권

건대 상권은 핫한 만큼 장사 고수들이 진검승부를 펼치는 곳입니다. 많은 이가 들어갔다 망해서 나오고, 그래서 가게가 자주 바뀌는데, 이런 상권은 단기간에 들어가서 돈을 빨리 벌기 쉬운 상권입니다. 상권이 발달하려면 교통도 좋아야 하는데 2호선, 7호선 환승역입니다. 또 롯데백화점과 스타시티가 들어오면서 어마어마한 힘을 갖게 되었습니다. 특이하게 대학가 상권인데도 직장인도 오고, 중·고등학생도 옵니다.

다른 지역에서 그 지역으로 오는 상권이 좋은 상권인데 여기가 그렇습니다. 영화관도 롯데시네마 프리미엄급인 샤롯데관이 있습니다. 또 건국대 위에 세종대가 있어, 7호선이 생기기 전에는 세종대 학생들이 건대 쪽으로 올 때 그 사이 상권을 이용했습니다. 버스를 타기에는 애매한 거리여서 주로 걸어 다녔기 때문입니다. 그런데 7호선이 생기면서 그 상권이 다 죽었습니다.

스타시티를 얘기해볼까요? 건대입구에서 제일 높고 볼만한 랜드마크입니다. 지하철역과도 바로 연결되어 있어, 건물의 가치가 굉장히 높습니다. 보통 역이 가까우면 시끄럽거나 좋지 않은 시설이 있거나 번잡한데, 스타시티는 롯데백화점과 더클래식500이 가려주고 그외에는 모두 주거지입니다. 이전에는 이곳이 고급스러운 동네가 아니었는데, 덕분에 이미지가 많이 바뀌었습니다. 지저분했던 분위기가 고급스럽게 바뀌고 건대 도로변과 학교 건물도 새롭게 지어서 더 깨끗해 보입니다.

최근 인기를 끌고 있는 커먼그라운드도 짚고 넘어가야 합니다. 2백여 개의 컨테이너를 쌓아 만든 국내 최초, 세계 최대 컨테이너 쇼핑몰입니다. 특이하기도 하고 예쁘기도 해 젊은층에서 특히 좋아합니다. 사진을 찍어 SNS에 올리기 좋아 인기가 많습니다.

광진구의 2호선은 지상철입니다. 옛날에는 한강을 지날 때 기술이 부족하여 지하에 만들지 못했습니다. 이제는 지하에 묻어도 되는데, 계속 지상철인 것입니다. 그게 상권을 가려 좋지 않습니다. 터널기술이 발달하면, 단기간에 지중화 작업을 할 수 있을 텐데 그러면 2호선 라인도 대박 입지가 됩니다. 서울 토지 이용도를 높이려면 지상 철도 부지와 군부대, 변전소, 변압소를 모두 없애야 합니다. 이런 비설호시설 인근에 있는 주택을 저렴한 금액의 경매로 잡는 것도 길게 보면 좋은 투자 방법입니다.

위치가 좋고 임대료가 저렴한 중곡동 가구거리

군자역에는 가구거리가 있습니다. 가구거리는 보통 상권 중 임대료가 가장 저렴한 곳에 생깁니다. 위치는 좋은데 군자역 주변에 역세권 프리미엄을 노릴 만한 주거용 아파트가 없어 지금은 단순한 환승역 역할만 하고 있습니다. 광진구에서는 가격이 가장 저렴한 지역이기 때문에 주거지로 검토할 만합니다. 전철망이 나중에 들어오는 건 힘들지만 이미 들어와 있는 곳에 개발하는 건 쉽기에 개발을 기대해도 좋습니다. 또 가구거리를 좀 더 예쁘게 만들 수도 있습니다. 어느 방향으로든 개발이 되기만 하면 멋지게 변할 것입니다.

어린이대공원 쪽에서 군자역 사이도 개발되면 좋을 것 같습니다. 어린이대공원은 능동에 있습니다. '능'은 왕이나 왕의 직계 무덤입니다. 풍수적으로 신중하게 고른 입지인 거죠. 위치는 좋은데 발전이 없어 아쉬운 곳입니다.

• • •

　광진구는 매력적인 입지입니다. 일단 한강을 끼고 있고, 다소 멀기는 하지만 아차산도 있습니다. 교통이 편리하고 상권도 좋고 이것저것 볼거리도 많습니다. 사람들이 좋아하는 워커힐호텔과 W호텔도 있고, 건국대와 건대병원도 있습니다. 종합병원, 백화점, 시장 등 없는 게 없어 연세가 있는 분들이 살기 좋습니다. 공기 좋은 곳보다 차라리 교통이 편리하고 대형 종합병원이 있는 지역이 더 좋은 입지입니다.

　광진구는 아파트 재건축 연한이 거의 다 되었기 때문에 신규 주거시설이 많이 들어 올 수 있습니다. 또 한강을 끼고 있는 입지 중에서도 광진구, 강남구, 용산구가 가장 좋은데 그중 하나입니다. 굳이 따진다면 교육환경만 빼고 다 좋습니다. 물론 광장동은 교육환경도 좋습니다. 광남학군은 '리틀 강남'으로 불릴 정도지요. 대공원 쪽도 개발되는 것에 관심을 가질 필요가 있습니다.

　화양동과 능동에는 1인 가구가 많고 중곡동에는 가족 단위인 2~3인 가구가 주로 살고 있습니다. 이런 곳에 셰어하우스가 있다면 괜찮을 겁니다.

　광진구는 원래 강동구와 양천구보다 비쌌던 지역입니다. 그만큼 좋았던 입지인데 신흥 주거지역이 뜨기 시작하면서 역전되었습니다. 새 주거시설이 없어서 밀려난 것인데, 그래서 새 아파트가 들어설 수 있는 입지면 충분히 강동구 정도까지 갈 수 있지 않을까 생각합니다. 또 강남의 일자리 수요도 받을 수 있는 주거지니까요. 옆 성동구가 크게 뜨고 아파트가 많이 형성되면서 광진구가 약간 주춤하지만 자양동에 개발 호재가 있기 때문에 개발된다면 크게 변할 거라고 예상합니다. 새 아파트의 움직임을 예의주시하면 좋을 것 같습니다.

 빠숑 새 아파트가 집단적으로 들어서면서 변화가 시작될 수 있는 입지를 예의주시하세요.

 서울휘 건대 상권은 장사 고수들이 진검승부를 펼치는 곳입니다.

 아임해피 한강을 예쁘게 끼고 있는 광진구는 교통과 상권이 모두 훌륭해서 더욱더 발전 가능성이 큰 지역입니다.

그래서
어디를
살까요

노원구

노원구는 대한민국에서 인구밀도가 가장 높은 지역입니다. 인구가 많으면 시장경제도 함께 발달하게 되지요. 노원구도 마찬가지입니다. 이런 노원구에서는 어떤 걸 살펴봐야 할까요? 지금부터 알아보겠습니다.

상계1동

마들생활권

상계3,4동

상계생활권

상계8동   상계9동

상계5동

상계10동   상계2동

중계4동

노원생활권

중계생활권

상계6,7동   중계1동

중계본동

중계2,3동

하계생활권

월계2동

하계1동

공릉2동

하계2동

월계생활권

공릉생활권

월계3동

월계1동   공릉1,3동

투기지역으로 묶인 미래가치 만점 노원구

노원구는 북동쪽 끝이기 때문에 서쪽에서 오는 경우는 많지 않고, 상계택지개발지구 개발할 때 살던 분들이 계속 사는 경우가 많습니다. 인구가 많아 상권도 잘 갖추어졌고, 학교도 많습니다. 심지어 중계동에는 서울의 3대 학원가 중 하나도 있습니다. 노원구 하면 바로 상계주공이 떠오를 정도로 큰 택지지구가 형성되어 있는 주거 밀집 단지입니다. 대부분 중층 재건축 단지로, 1988년 처음 지었을 때 새로운 공법이 많이 적용되었습니다. 초소형부터 대형까지 평형이 너무 다양해 외울 수 없을 정도입니다. 대중적 인기는 별로 없었는데, 동부권의 인구를 유입하는 데 큰 역할을 했던 단지라고 생각하면 됩니다.

당시 신혼부부도 굉장히 많이 살았습니다. 그런데 강남 접근성이 떨어지다 보니 강북에서 주로 생활하는 분들이 살게 되었습니다. 버스 차고지도 많아서 버스로 출퇴근하는 이도 상당히 많습니다. 강북은 차가 많이 막힌다는 맹점이 있습니다. 그런데 이명박 서울시장 재임 시절에 버스 전용차선이 나오면서 강북의 교통 편의성이 높아졌습니다. 다만, 대중교통은 좋아졌는데 자가용은 여전히 막힙니다.

노원구가 투기지역으로 묶인 진짜 이유는?

노원구에는 상계동, 중계동, 월계동, 공릉동, 하계동이 있습니다. 중랑천 동쪽에는 남북으로 길게 7호선이 생겼고, 중랑천 서쪽의 월계동은 기존의 1호선, 6호선이 지나가 더블 역세권이 되었습니다. 강남으로 가는 노선이 잘 되어 있는 편은 아니지만 7호선 덕분에 많이 개선되었습니다. 이번에 2030 서울시 생활권 계획을 만들 때도 교통이 취약한 동부권을 배려하려 여러 노력을 했습니다. 교통을 갖추기에는 돈과 시간이 많이 소요되기 때문에 일자리를 많이 만들자는 취지로 이 지역에 상업 지역을 많이 지정하기로 계획했습니다. 향후에 이쪽에 상업시설이 유입되면서 일자리가 많이 창출되는 것도 하나의 투자 포인트입니다. 노원구에 현재 들어올 수 있는 일자리는 두 가지가 있는데, 창동·상계 신경제중심지와 광운대 역세권입니다. 광운대역은 예전에 성북역이었는데 2013년 이름이 바뀌었습니다.

1974년에 서울 지하철이 처음 개통되었는데, 당시 성북역에서 서울역까지 가는 노선이 첫 노선입니다. 그래서 아직 철도 기지창이 남아 있는데, 이것을 경기도 쪽으로 이전하는 문제도 하나의 포인트입니다. 광운대 역세권 좌담회를 참석해보니, 이전 의지는 있지만 우선순위에서 창동 차량기지 이전에 밀린 것 같았습니다. 창동 역세권 사업을 하고 나서 광운대를 할 것 같습니다. 광운대역 근처에 시멘트 공장 등 비선호시설도 있어서 이것들을 다 옮기면 더 좋아질 것입니다. 하지만 오랫동안 바꾼다는 얘기만 있을 뿐 실제로 언제 시행될지는 가늠이 잘 되지 않습니다.

강남을 중심으로 한 동남권은 땅값이 비싸기 때문에 지자체와 주민이 땅을 최적으로 활용하려 합니다. 그런데 동부권은 땅값이 아직 싸서 우선 인구밀도부터 높이는 것이 급선무입니다. 밀도가 점점 높아지면 이런 비선호시설은 자연스럽게 밀려나게 됩니다. 여튼 그 속도보다는 창동·상계 지역이 개발되는 속도가 더 빠르지 않을까 생각합니다. 이 지역도 개발 얘기가 나온 지 20년 가까이 되어 가는데, 아직도 지지부진합니다. 땅 자체가 한꺼번에 개발하기 너무 커서, 단계별로 조금씩 해야 합니다. 정부나 지자체에서 의지를 가지고 시작하는 것이 중요한데, 아직 시작조차 제대로 안 되고 있습니다. 노원구와 도봉구에 걸쳐 있는 창동·상계 지역은 동부권의 일자리 수요를 충족시켜 줄 수 있는 유일한 입지입니다. 이곳은 많은 세금이 들어간다 해도 전략적으로 활성화시켜야 합니다.

그런데 8·2 대책에서 노원구가 투기지역으로 지정됐습니다. 그러면 도시재생뉴딜정책 실시 지역에서 제외되어 개발이 더 늦어지게 됩니다. 단순히 투기지역이라 제외하는 게 아니라, 생활권을 쪼개서 투기지역 내에서도 개발이 필요한 곳은 개발하고, 투기지역이 아닌 곳에서도 미룰 수 있는 곳은 미루는 전략이 필요합니다. 동부권은 특혜를 줘서라도 개발에 힘썼으면 합니다.

함께 발전할 상계동과 중계동

서울 집값이 워낙 비싼데, 평당 2천만 원 이하로 새 아파트를 얻을 수 있는 거의 유일한 지역이 바로 노원구입니다. 특히 상계뉴타운은 관심을 둘 가치가 있습니다. 2구역은 당고개역을 끼고 있어 초역세권이고, 역 뒤쪽에 상가가 조금 있고 나머지는 주거지역이라 금방 형성이 되었습니다. 6구역은 상가가 많아서 조금 어려웠지만 결국 진행이 되었습니다. 5구역은 2구역의 반대편인데 상가가 너무 많아서 진행이 어렵습니다. 1구역은 산 위에 있는데 판잣집이 많고 지번을 찾을 수 없게 되어 있습니다. 4구역은 역과 조금 멀지만 제일 먼저 분양했고, 중계동의 학원가를 이용할 수 있다는 장점이 있

 내부 라벨:

: 존치관리구역

수락산

성림아파트

양지마을
1구역

공영차고지

상계3·4동사무소

2구역

상계로

3구역

당고개역
지하철 4호선

당고개근린공원
SGI문화회관
신상계초교

5구역

건영아파트

상계4동

불암산

4구역

6구역

40층 랜드마크 주상복합

상계뉴타운 1~6구역

습니다. 그래서 분양이 잘 됐는데, 마지막에 8·2 대책으로 미계약
분이 나와서 줄 서서 선착순으로 나머지 물건이 다 계약됐다고 합니
다. 평당 1천6백만 원대로 분양을 했는데, 이 지역 사람들에게는 매
우 비싼 것으로 간주되었습니다. 그런데 객관적으로 보면 굉장히 싼
가격입니다. 이처럼 낡은 지역에는 새 아파트인 것만으로 큰 가치가
있습니다. 낡은 지역의 새 아파트는 가격을 보지 않아야 합니다. 건

설사도 분양이 안 될까봐 분양가를 높게 잡기 어렵기 때문입니다.

그리고 4호선이 당고개역부터 진접역까지 연장 계획이 있습니다. 연장되면 당고개역이 종점이 아니라 중간역이 되는데, 이것이 향후 좋은 가치를 지닙니다. 그럼 뉴타운에서 제일 좋은 입지는 어디일까요? 4구역은 상계센트럴푸르지오가 분양을 했고, 이후 6구역, 2구역, 1구역, 5구역 순으로 분양하는데, 5구역이 가장 좋습니다. 5구역은 4호선을 따라 형성되어 있어서 아파트가 생기면 남향입니다. 6구역은 모양이 별로 안 예쁩니다. 2구역은 배치가 좋고, 원래 있던 초등학교 자리가 공원이 되면서 신상계초등학교와 같이 쓰는 학군으로 변해 세대수가 증가했습니다. 1구역은 산 밑에 있어서 아직 조합 설립 문제가 있습니다. 종합해본다면, 결국 지금 5구역이 가장 좋다고 할 수 있습니다. 3구역 뉴타운은 해제되어, 지역주택조합으로 사업이 추진되고 있습니다.

지금은 상계동이 재건축 얘기로 관심을 받고 있지만, 그 전까지는 중계동이 중심 지역이었습니다. 상계동은 초소형부터 중형, 대형 아파트가 있는데, 중계동은 20~40평대 아파트가 많습니다. 일명 '원베이'라고 부르는 초소형단지가 없고 4인 가구가 살기 적당한 지역이라 학군이 잘 형성되어 있습니다. 신기한 점은 역세권이 거의 발달하지 않았다는 것입니다. 역세권은 출퇴근 하는 직장인과 소형 아파트에 가장 적당합니다. 교육환경이 좋은 지역은 대부분 역세권이 아닙니다. 상계동은 1980년대에 지어져 다양한 실험 대상이 되었

서울의 3대 학원가로 꼽히는 중계동 은행사거리. 2017년 8·2 대책에서 투기지역으로 지정될 만큼 학군이 좋은 중계동과 재건축 이슈가 있는 상계동이 크게 주목받고 있다.

고, 10년 후에 지은 중계동은 상계동에서 겪었던 시행착오를 반영했기 때문에 거주지역으로서 더 적합합니다. 중계동의 학원가는 강남 대치동이나 용인 수지구청 주변과 비슷한 상권을 갖고 있습니다. 학원가로서 입지가 견고해 이미 대체 불가능한 입지가 되었습니다. 특목고가 없어지는 추세라면 기존의 프리미엄이 강화될 확률이 높습니다.

학군도 중계동이 가장 좋습니다. 을지중이 유명한데, 수요가 워낙 많아 을지중을 갈 수 있는 아파트만 비싼 경향도 있습니다. 또 가장 비싼 청구3차와 건영3차를 중심으로 생긴 학원가가 지역의 랜드마크가 되었습니다. 하지만 최근에는 을지중을 반드시 가야 한다는 분위기는 사라졌고, 상계중, 중계중 등 다양한 중학교를 보냅니다. 을

지중을 보낼 확률이 높은 을지초는 여전히 인기 학군이긴 합니다. 중계동은 학원가 때문에 학군이 좋아진 경우라, 좋은 학원가만으로도 충분히 프리미엄이 유지될 것입니다. 재건축 연한이 된 상계동의 이주 수요를 받을 수 있는 지역이기도 합니다.

미래가치에 주목하라!

공릉동은 서울여대, 서울과학기술대, 삼육대, 육군사관학교 등 대학교가 많아 공부하기 좋은 분위기입니다. 이런 고급스러운 분위기를 살려서 경춘선 기찻길을 없애고 공원으로 만들어 상권화시켰습니다. 앞으로도 테마상권으로 개발할 여지가 큽니다. 카페거리도 생기는 등 굉장히 예쁘게 변했습니다. 공릉동에는 맛있는 게 많은 도깨비 시장도 유명합니다. 예전에는 접근성이 좋지 않았지만, 7호선과 6호선이 개통하면서 태릉은 더블 역세권이 되었습니다. 하계동과 공릉동은 중계동의 재건축 연한과 비슷할 것입니다. 교통, 상권 등을 고려했을 때 중저가 주거지역으로서 살기 좋은 지역입니다.

태능현대아파트는 공릉동에서 대단지로 재건축 아파트가 처음 들어서는 곳입니다. 대부분 다세대 빌라 밀집촌을 안 좋아하는데, 여기는 다 아파트 단지라 택지개발지구와 유사합니다. 가장 큰 단지로는 태광아파트가 있는데, 일반적으로 서민들이 살기 좋은 아파트입니다. 주변에 초등학교, 중학교, 고등학교가 다 있고 6호선도 가깝습니다.

월계동은 초안산, 영축산 근린공원 등 공원이 많아서 노인 인구가 살기 편합니다. 또 1호선 광운대 역세권입니다. 문제는 1호선이 지상에서 남북으로 길게 뻗어 있어 넘나드는 길이 별로 없다는 것입니다. 결국 광운대 역세권 개발을 빨리 해서 서쪽의 녹지와 동쪽의 중랑천을 연결해야 합니다. 앞으로의 서울 발전 방향 중 주목해야 할 것은 '어디가 뚜껑을 덮느냐'입니다. 빨리 뚜껑을 덮어야 합니다. 그런데 동부간선도로의 지하화가 현실 가능할까요? 상계동 재건축이 본 궤도에 오르면 맞춰서 할 것입니다. 현재 주변의 소음을 막기 위서 도로 뚜껑을 덮는 공사가 진행되고 있습니다. 중랑천도 그렇게 될 가능성이 높습니다. 동부간선도로를 낀 월계삼호, 미륭, 미성이 재건축 연한이 다 되어 곧 시행될 것 같습니다.

현재 광운대 맞은편 장위뉴타운만 개발되고 나머지는 안 되고 있습니다. 그렇기 때문에 광운대 가까운 쪽에 밀집 단지로 아파트가 들어서면 대단지 프리미엄이 형성될 것 같습니다. 상계주공은 단지마다 특징이 있지만, 8단지가 분양을 하면 새바람이 불지 않을까 생각합니다. 노원구는 현재 서울 하위지역이지만 미래가치가 높은 지역이기 때문에, 내 집 마련을 하려는 분들은 특히 관심 있게 지켜보아야 합니다.

마지막으로 상권을 살펴볼까요? 노원구의 중심은 노원역 상권입니다. 4호선과 7호선이 있는 더블 역세권이라 사람들이 많이 몰리는 장소입니다. 노원역 뒤에 있는 롯데백화점 역할도 큽니다. 최근에는 7호선 건대입구에서 노는 사람이 늘어 예전보다 이곳 상권이 죽기는 했지만, 워낙 배후 세대가 많기 때문에 탄탄하게 유지되고 있습니다. 사실상 유일한 상권이라 갈 수 있는 곳이 그곳밖에 없기도 합니다. 하계역 주변은 2001아울렛, 홈플러스, 세이브존 등 가성비가 좋은 상권이 잘 되는 편입니다. 지역 자체에 인구가 많아서 상권이 충분히 발달할 수 있습니다.

 4호선이 당고개역부터 진접역까지 연장하면 당고개역이 중간역이 되어 향후 미래가치가 더 높아질 것입니다.

 4호선을 라인에 있는 상계뉴타운 5구역을 관심 있게 보면 좋습니다.

 노원구는 주거 밀집 지역으로 교통이 좋은 편이며, 대표 키워드는 주거의 상계동, 학군의 중계동입니다.

그래서
어디를
살까요

도봉구

도봉(道峰)은 산봉우리가 길처럼 줄지어 있다는 의미로, 도봉구의 지명은
도봉산에서 유래했습니다. 풍수적으로도 매우 큰 의미를 갖고 있지요. 이런
도봉구의 입지는 어떤 특징이 있을까요?

동북권 중심이 될 창동을 껴안은 도봉구

도봉구의 랜드마크는 도봉산입니다. 도봉(道峰)은 산봉우리가 길처럼 줄지어있다는 의미로, 도봉구의 지명도 도봉산에서 유래한 것이지요. 보통 산은 부동산으로 가치를 환산했을 때 비싸지 않습니다. 그렇기에 도봉산이 랜드마크인 도봉구의 위상도 그리 높지 않습니다. 도봉산은 접근성이 좋고 지형도 재미있어서 사람들이 많이 찾습니다.

2030 서울시 생활권 계획에서는 도봉구를 '도봉산과 어우러진 이웃 간의 인심 좋은 도봉생활권'이라고 정의했습니다. 실제 도봉구의 반 이상이 녹지여서 자연환경은 무척 좋습니다.

오래된 도시 도봉구, 탈출구는?

도봉구에는 도봉생활권, 방학생활권, 쌍문생활권, 창동생활권, 초안산생활권이 있습니다. 그중에서 아파트 밀집도가 높은 곳은 예전의 택지지구인 쌍문동과 방학동입니다. 쌍문동과 방학동은 들어보기는 했지만 위치가 어디인지는 잘 모르는 경우가 많습니다. 그나마 쌍문동은 드라마 〈응답하라 1988〉 덕분에 인지도가 올라간 지역입니다. 이곳은 '골목길 문화'가 발달했습니다. 아직 도시재생이 되지 않았고, 단독주택이 많이 보입니다. 쌍문동의 문제는 쌍문역을 이용하는 역세권 아파트가 많지 않다는 점입니다.

도봉구는 앞으로 개발이 안 되는 걸까요? 기본적으로 일자리가 많이 늘어나든지, 사람들이 추가로 유입될 만한 호재가 있어야 하는데 창동 역세권 개발을 제외하면 그런 게 별로 없습니다. 기존의 주택을 활용하여 활성화해야 하는데, 그러려면 골목상권이 형성되거나 조그마한 재개발단지가 들어와야 합니다. 하지만 아직까지 그런 호재가 없습니다. 또 주로 노인들이 거주하고, 젊은층은 별로 없습니다. 지역에 젊은층이 없으면 발전 가능성이 낮습니다. 노인층은 추가 분담금을 넣을 수 없거나, 변화를 싫어하는 성향이 강해 재건축을 반대할 확률도 높습니다.

도봉구는 너무 오래된 도시입니다. 젠트리피케이션으로 밀려나는 사람이 없습니다. 도심이 아니기 때문에 불편한 것도 당연하고 익숙한 주민들의 심리 때문입니다. 또 도봉구는 흥미롭게도 금천구와 비슷한 점이 많습니다. 둘 다 서울 끝 지역이고, 옆 위성도시(의정부, 안양)가 더 좋습니다. 의정부는 상권도 발달했고, 경전철이 있어 접근성도 좋기 때문입니다. 이렇게 활기가 없는 도봉구에 테마상권을 만들거나, 소규모 세대를 묶어 재개발하는 등 조치를 취해야 합니다. 이곳에는 '둘리의 고향'이라는 테마가 있고, 그래서 2015년에 둘리 뮤지엄이 개관했습니다.

도봉구 호재의 집합체 창동

방학동, 도봉동, 쌍문동의 호재를 모두 합쳐도 창동에 있는 역세권 개발 하나만도 못합니다. 도봉구가 투기과열지역이 된 것은 창동 때문입니다. 동부간선도로 확장 및 지하화 공사로 창동주공의 시세가 급격하게 올랐습니다. 또 GTX, SRT 연장선으로 창동역 역세권이 엄청나게 개발될 예정입니다. 현재 낙후된 지역도 변하면 더 좋아질 것입니다. 창동역은 어떻게든 더 개발해야 합니다. 도봉구를 얘기하면 창동역이 떠오르도록 랜드마크로 만들어야 합니다. 도봉구 상권은 창동역 상권밖에 할 얘기가 없습니다. 쌍문역은 방학동으로 가기 위해 지나치는 상권이라서 역세권이 잘 발달하지 못했습니다. 창동역은 유동인구는 많은데 그에 걸맞은 수준으로 발달하지 못했습니

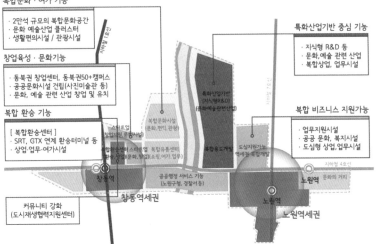

복합문화 · 여가 기능

- ·2만석 규모의 복합문화공간
- ·문화 예술산업 클러스터
- ·생활편의시설 / 관광시설

창업육성 · 문화기능

- ·동북권 창업센터, 동북권50+캠퍼스
- ·공공문화시설 건립(사진미술관 등)
- ·문화, 예술 관련 산업 창업 및 유치

복합 환승 기능

- [복합환승센터]
- ·SRT, GTX 연계 환승터미널 등
- ·상업·업무·여가시설

커뮤니티 강화
(도시재생협력지원센터)

특화산업기반 중심 기능

- ·지식형 R&D 등
- ·문화,예술 관련 산업
- ·복합상업, 업무시설

복합 비즈니스 지원기능

- ·업무지원시설
- ·공공 문화, 복지시설
- ·도심형 상업,업무시설

창동역

창동역세권

공공행정 서비스 기능
(노원구청, 경찰서등)

노원역

노원역세권

창동 · 상계 신경제중심지 조성 계획

창동역 인근에 들어선 복합문화공간 '플랫폼창동61'. 창동 역세권 개발의 신호탄이 된 사업이다. 동부간선도로 지하화, 창업단지 및 문화산업단지 설립, GTX 및 SRT 개통 등 장기적으로 보면 호재가 많은 지역.

다. 민자역사도 2010년 공사가 중단된 이후 아직까지 방치되어 있습니다. 하지만 창동·상계 창업단지 및 문화산업단지가 예정대로 들어온다면 일자리부터 문화시설까지 부동산 가치에 긍정적인 영향을 미칠 요인이 풍부해집니다.

도봉구 투자해야 하나?

최근에 '서울인데 도봉구라도 사야 하나?'라는 질문이 많습니다. 서울에 25개 구가 있는데 모두 비싼 건 아닙니다. 서울에서도 수요가 확실히 있고, 사람들이 선호하는 지역이 분명히 있습니다. 사람들의 수요를 얻으려면 개발이 지속적으로 되어야 하는데 현재 도봉구는 창동을 제외하면 개발할 것이 아무것도 없습니다. 사람들을 유인할 수 있는 요소를 지자체에서 만들어야 합니다. 지역의 홍보 문구도 환경편의성, 주택 가격 등 자랑할 수 있는 것을 내세워야 합니다. 또 도봉산 등산로를 개발하는 등 자연을 관광 포인트로 활용해야 합니다.

아파트 시세 변동은 어떨까요? 8·2 대책 전에는 노원구와 더불어 창동도 활기를 띠는 분위기였습니다. 그런데 8·2 대책 후에는 투자자보다 실수요자가 많이 들어왔습니다. 창동주공은 가격이 급격하게 올라서 지금은 상계주공과 마찬가지로 거래가 더딘 편입니다. 작년부터 갭 투자할 물량이 부족했는데, 그나마 도봉구가 싸서 투자층이 들어왔었습니다. 그러나 수요가 적은 지역은 그 기간이 짧습니다. 앞으로 도봉구에 기대할 호재는 노원구에 재건축이 진행될 때 이주 수요가 생긴다는 것입니다. 참고로 창동주공 재건축에 대한 기대감은 아직 높지 않은 편입니다.

 실거주로 괜찮습니다. 특히 산을 좋아하시는 분들께는요.

 시세가 비싸지 않아 가격이 잘 내려가지 않지만 잘 오르지도 않습니다.

 창동 역세권 개발 호재에 따른 도봉구의 발전이 기대됩니다.

그래서
어디를
살까요

동대문구

동대문을 떠올리면 생각나는 이미지는 패션의 메카입니다. 하지만 실제로 패션으로 유명한 곳은 동대문역사문화공원역, 그러니까 중구 을지로입니다. 그렇다면 동대문구에는 어떤 것들이 있을까요?

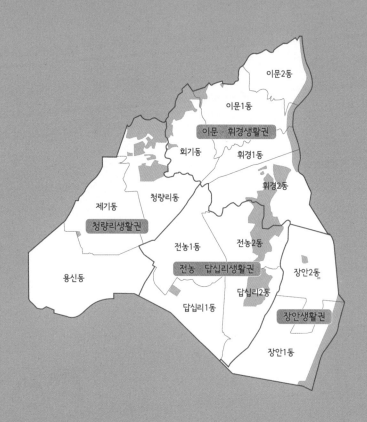

이문2동

이문1동

이문·휘경생활권

회기동

휘경1동

휘경2동

청량리동

제기동

청량리생활권

전농1동

전농2동

장안2동

전농·답십리생활권

용신동

답십리2동

장안생활권

답십리1동

장안1동

도시재생으로 탈바꿈 중인 동대문구

동대문 하면 패션의 메카 이미지가 강합니다. 그런데 정확히 구분해야 하는 게, 패션의 메카는 종로구, 중구이고, 우리가 얘기할 동대문구는 동대문 밖의 동쪽입니다. 동대문 밀리오레, 동대문 두타 모두 중구 을지로에 있습니다.

지금부터 이야기할 동대문구는 청량리를 중심으로 생각하면 됩니다. 동대문의 생활권을 보면, 중심에 청량리생활권이 있고 전농·답십리생활권, 장안생활권, 이문·휘경생활권이 있습니다. 동대문구는 모든 지역이 탈바꿈하고 있습니다. 뉴타운이 세 개나 있고, 녹지보다 평지가 많습니다. 제일 먼저 입주했던 답십리뉴타운은 지금도 입주 예정 물량이 있고, 이문·휘경뉴타운은 SK해모로를 포함해 2개

단지가 분양 예정입니다. 이문은 일반분양을 앞두고 있어 분양 예정 물량이 생각보다 많습니다. 개포와 응암 지역은 끝난 반면, 이곳은 이제 시작하는 단계라고 보면 됩니다.

동대문구의 중심 청량리

청량리부터 얘기해 보겠습니다. 강촌, 청평 등 MT 여행지로 갈 수 있는 청량리역이 유명합니다. 수도권 전철인 경춘선을 타고 춘천까지도 쉽게 갈 수 있습니다. 덕분에 춘천은 사실상 수도권에 포함되었고, 덕분에 아파트 시세도 많이 올랐습니다. 실제 춘천에서 서울로 출퇴근하는 분들도 있습니다.

청량리 4구역에는 65층 주상복합 4개 동이 들어서면서 호텔, 오피스텔, 쇼핑몰이 입주할 예정입니다. 청량리역과 인접하여 초역세권으로 떠올랐습니다. 또 청량리역 밑 청과시장도 주상복합 59층으로 올라갑니다.

동대문구는 도심인데, 2030 서울시 생활권 계획을 보면 동부권에 속해 있습니다. 원래대로라면 종로구, 중구, 용산구와 함께 도심권에 포함되어야 하는데 워낙 사람들이 좋아하지 않는 시설이 모여 있다 보니 낙후된 것입니다. 그런데 이제 시설이 바뀌고 있습니다. 계획대로 진행된다면 나중에 서울 생활권을 다시 나눌 때 도심권으로

청량리역 광장. 현재 지하철 1호선과 경의중앙선은 물론 경춘선(ITX)과 경강선(KTX)까지 지나는 교통의 중심. 향후에도 GTX-C 노선, SRT, 경전철 면목선 등 다양한 철도 노선이 지나갈 예정이다.

편입될 수도 있겠습니다.

제기동 용두 5구역, 6구역은 재개발이 주춤하고 있습니다. 입지가 좋아서 땅값이 비싸기 때문입니다. 왕십리뉴타운처럼 여기도 조그마한 주거시설이 많아서 이들의 이해관계를 잘 풀어야 합니다. 돈이 아니라 대책을 마련해주어야 합니다. 이런 이유로 도심권 재개발은 상당히 어렵습니다.

청량리는 교통 측면에서 많은 발전이 기대됩니다. 도로망을 크게 넓힐 수는 없겠지만, 철도망은 경강선 KTX, GTX, SRT, 경전철 등 획기적인 노선이 많이 지나갑니다. SRT 동북부 연장선이 청량리 다음 창동으로 연결되고, GTX-C 노선, 면목선도 지나갈 예정입니다. 경강선 KTX는 2017년 12월에 이미 뚫렸습니다. 청량리가 교통의 요지가 되고 있는 겁니다.

서울에서 2번째로 큰 전통시장인 경동시장은 앞으로 어떻게 될까요? 지금은 청량리 주변이 너무 복잡한데, 곧 깨끗한 시설로 바뀔 것입니다. 성바오로병원도 리모델링 예정입니다. 이처럼 교통, 병원, 주거, 쇼핑 등이 모두 좋아지면서 예전부터 살았던 분들이 떠나기 싫어합니다. 전철, 병원, 익숙한 상권이 다 갖춰진 곳이라 앞으로도 계속 인기가 많을 것입니다. 근처에 재건축 연한이 된 대형 평수의 경동미주아파트가 있는데, 거주민들이 재건축을 달가워하지 않고 있습니다. 그런데 재건축의 새바람이 들어오면 거주민도 마음을 바꿔서 도시재생이 활발하게 이루어질 것 같습니다. 제기동은 동대문구에서 부동산 가치가 가장 많이 올라갈 지역입니다.

뉴타운을 보면 미래가 보인다

전농·답십리뉴타운을 볼까요? 우선 2014년에 2천6백 세대 가량 입주한 대단지 아파트 답십리래미안위브가 있습니다. 답십리역에서 비교적 가까운 역세권 아파트인데, 걸어가는 길이 별로 좋지 않아서 꽤 멀게 느껴집니다. 사실 교통이 편리하지 않아 별 관심을 못 받은 지역이었으나 래미안크레시티 등 새 아파트가 들어오면서 택지개발지구처럼 변했습니다. 2018년 5월과 6월에도 새 아파트 입주가 예정되어 있는데, 역과 많이 멀어도 브랜드 새 아파트에 대한 기대감 때문에 굉장히 비싼 가격에 분양권이 거래됩니다.

서울에서 초품아를 원한다면, 전농답십리 지역을 선택하면 됩니다. 이 지역에 들어설 새 아파트는 모두 초품아입니다. 그래서 실제 입주해서 거주하게 되면 아파트 가치는 더 상승할 것입니다. 지하철이 없어서 교통이 불편하긴 하지만 동네 분위기가 조용해 주거로 괜찮은 지역입니다. 현재 동대문구에서는 가장 주거하기 좋은 지역입니다.

장안동에는 동부간선도로를 따라 아파트가 나란히 서 있습니다. 2000년대에 아파트가 들어서면서 힐스테이트, 래미안, 현대홈타운 등이 대단지로 구성되었습니다. 이곳도 역세권이 아니라는 점이 많이 아쉽습니다. 그래도 예전과 달리 재개발, 재건축이 되면서 동네 분위기는 많이 쾌적해졌습니다. 장한평역은 앞에 나홀로 아파트가 많습니다. 또 최근에 도시재생 신청이 들어가서 더욱 현대화될 것입니다.

장안동 위쪽으로는 이문·휘경뉴타운이 있습니다. 외대 앞, 경희대 쪽입니다. 이곳은 예쁘고 가성비가 좋기로 유명합니다. 기본적으로 대학교가 밀집된 지역이라 상권 만들기도 좋습니다. 서울시립대 등록금 혜택 덕분에 더욱 유명해지기도 했습니다. 유동인구도 엄청나서 알짜 상권입니다. 뉴타운 이문 1구역은 래미안이 시공사입니다. 이문 2구역은 뉴타운이 해제되었고, 이문 3구역은 사업성이 없었지만 2개를 합치면서 용적률이 상승해 2017년 11월에 관리처분 계획 총회가 들어갔습니다. 만약 서울시의 신청이 들어가게 되면 내년 초에 관리처분인가가 나면서 이주를 시작하게 됩니다. 이문 4구역은 3구역 반대편에 있는데 지금 조합 설립 중입니다. 휘경 1구역은 해모로프레스티지라는 소규모 세대의 분양을 끝냈고, 2구역도 최근 휘경SK뷰 분양을 마쳤습니다. 휘경 3구역도 용적률을 높여서 35층 1천792가구가 들어서는 것으로 인가를 냈다고 합니다. 그러면 전체적으로 하나의 타운이 형성되겠지요.

이곳은 개발 전에 차도 지나다니기 어려울 정도로 골목이 복잡했습니다. 지역 개발이 꼭 필요한 곳이어서 현재 바람직한 방향으로 발전하고 있다고 봅니다.

 경강선 KTX, SRT, GTX, 면목선⋯ 청량리역의 업그레이드는 계속됩니다.

 2030 서울시 생활권 계획의 방향을 잘 잡았기에 개발이 잘 된다면 도심권으로 편입될 수도 있을 것입니다.

 동대문구는 도시재생이 될 수 있는 지역 및 단지에 관심을 두면 좋습니다.

그래서
어디를
살까요

마포구

마포구는 서울에 있는 25개 구 중 한강에 가장 넓게 접하고 있는 지역입니다. 최근에는 젊음의 도시라는 이미지도 강해졌지요. 지금부터 마포구를 함께 살펴볼까요?

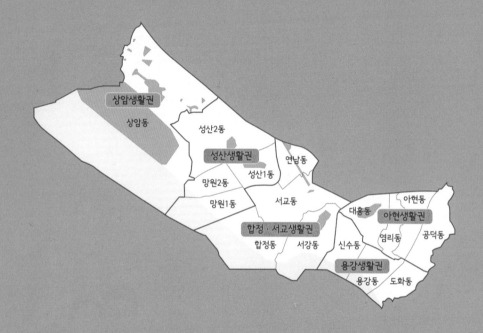

메인 일자리 어디든 가기 편한 마포구

마포구는 굉장히 많이 변했습니다. 1990년대를 떠올리면 마포구에 고층 빌딩이 거의 없었습니다. 지금은 상상도 할 수 없는 모습이지요. 마포의 눈부신 변화의 중심에는 뉴타운이 있습니다. 아현뉴타운 자리는 언덕이었는데, 현재는 언덕을 밀고 아파트가 들어왔습니다. 마포구는 오랜 기간 동안 순차적으로 발전했습니다. 공덕동에는 10년 동안 아파트 단지 5개가 들어설 정도입니다. 재개발의 원조라 할 수 있지요. 원래 서울 25개 구 중 하위권에 속했는데 지금은 상위권이 되었습니다. 그만큼 할 얘기도 많습니다. 마포구는 굉장히 크고 긴 지역입니다. 또 특이하게 동이 굉장히 많습니다. 생활권은 아현, 용강, 합정·서교, 성산, 상암으로 나뉩니다.

메인 일자리로 출퇴근 가능한 교통의 끝장판!

아현동은 요즘 재개발로 주목받고 있습니다. 아현뉴타운에서도 '마래푸'라 불리는 마포래미안푸르지오가 이 지역을 이끄는 랜드마크입니다. 2013~2014년 분양 당시에는 서울 아파트 암흑기여서 고전을 했습니다. 엄청난 세대수에다 분양가도 비쌌고, 입지도 언덕이어서 A급이 아니었습니다. 이런 것들이 복합적으로 작용해서 분양이 잘 되지 않았지요.

그런데 서울에 새 아파트에 대한 수요가 급증하면서 달라졌습니다. 옆에 새 단지들이 분양하면서 시너지 효과를 냈습니다. 특이한 점은 자이 브랜드가 굉장히 많다는 것입니다. 신촌그랑자이, 공덕자이, 마포자이 1~3차, 마포그랑자이 등. 그 전까지 공덕동은 래미안밭이었는데, 최근에는 래미안이 수주를 하지 않는 바람에 자이에게 모두 빼앗겼습니다. 그리고 요즘은 자이에서 현대로 넘어가고 있습니다. 염리 4구역처럼 뉴타운이 해제된 구역도 있습니다. 그럴 수밖에 없는 것이 상업시설이 많다보니 조합원들이 해제를 요청하지요. 이곳이 이대 입구인데, 상권이 엄청납니다.

마포구의 모든 곳은 장기적으로 보면 사업성이 좋습니다. 일단 교통이 좋습니다. 2호선, 5호선이 지나가고, 공덕동은 심지어 경의중앙선과 공항철도까지 있어 쿼드러플 역세권입니다. 이 지역은 기본적으로 역세권 프리미엄 하나만으로 수요가 엄청납니다. 또 대학가 주변이기 때문에 대학교를 졸업한 사람들이 취직한 후에도 계속 사는 경우가 많지요. 그래서 학생 수요, 직장인 수요, 신혼부부 수요가 기본적으로 많습니다.

공덕역에는 주상복합인 롯데캐슬프레지던트가 들어서면서 다양한 일자리가 생겼습니다. 또 상권도 발달해서 새 주거시설이 들어오면 모두 누릴 수 있습니다. 가장 부족한 건 교육환경인데, 공덕에는 젊은층이 많기 때문에 교육환경도 앞으로 계속 좋아질 가능성이 높습니다. 또 공항철도가 있어서 공항에서 근무하거나 외국에 자주 가는 사람도 많이 거주합니다. 그래서 롯데시티호텔 등 호텔도 꽤 생겼습니다.

마포구는 한강을 길게 끼고 있지만 제대로 살리지 못하고 있습니다. 한강 내륙 쪽에는 산이나 녹지 공간이 하나도 없습니다. 그런데 경의선숲길이 생기면서 녹지 공간에 대한 열망을 어느 정도 해소해주었습니다.

한편, 서강대교가 개통되면서 소외되어있던 용강동, 신수동이 떠오르기 시작했습니다. 한강이 보이는 래미안웰스트림은 처음에 미분양이 났는데 반등하면서 한강뷰를 누릴 수 있는 새로운 지역이 되었습니다. 다만, 이곳은 아직 동네 정돈이 덜 되어서 깔끔한 환경을 좋아한다면 피하는 게 좋습니다. 임장을 다녀보면 밤에는 길이 좀 무섭습니다. 만약 이곳이 택지개발지구처럼 쾌적한 지역이었다면 강남만큼 비쌌을 겁니다.

상암동 디지털미디어시티. MBC, YTN, KBS미디어센터, SBS미디어센터, CJ E&M 등 국내 주요 방송사들이 대거 입주하여 일자리가 풍부한 지역이 됐다.

　상암동은 월드컵경기장, 난지캠핑장 등의 시설을 이용할 수 있어서 좋습니다. 어릴 때만 하더라도 난지도가 이렇게 바뀔 줄 몰랐습니다. 난지도는 원래 평지였는데 흙을 메꾸면서 산이 되었습니다. 그 이후 바로 디지털미디어시티를 개발하면서 시너지 효과가 생겼습니다. 결정적으로 2002년 월드컵 이전에 끝내야 했기 때문에 속도도 빨랐습니다. 디지털미디어시티에는 거의 대부분의 지상파, 케이블 방송국이 입주해 있습니다.

　여의도, 상암, 일산까지 '미디어밸리'라고 이름 붙여서 개발하려고 했는데, 한동안 표류하다가 요즘 다시 진행되고 있습니다. 상암동 아파트는 2002년부터 입주를 시작했는데, 당시에는 명품 주거단지였습니다. 지금은 조금 낡은 아파트가 되었는데, 길 건너 수색뉴타운을 개발하게 되면 그쪽으로 수요가 분산될 것 같습니다.

디지털미디어시티 쪽의 아파트 단지들을 보면 소형 평수가 적고 중대형 위주입니다. 2010년 이후에는 소형 평수가 많이 올랐기 때문에 반대편 수색뉴타운 분양에 관심을 가져보면 좋습니다. 고양시 덕은지구 개발도 눈여겨보면 좋습니다.

눈부신 상권의 발전

마포구에는 대학교가 많습니다. 서강대, 홍익대가 있고 서대문구지만 같은 생활권인 연세대, 이화여대도 있습니다. 최근 이곳에서 일어난 가장 눈부신 변화는 단연 상권입니다. 홍대 상권이 이렇게 변할 줄 상상도 못했습니다. 이곳 권리금은 상상을 초월합니다. 최근에는 정점을 찍고 내려가고 있으며 홍대로 상권을 빼앗긴 신촌으로 다시 옮겨가고 있다고 합니다.

마포·공덕 상권을 잠깐 짚고 넘어가면, 마포에는 전통적인 상권이 있습니다. 주물럭 등 유명한 먹거리도 굉장히 많습니다. 『부자의 지도』 마포구 편에 마포구 종점에 대한 유래가 나옵니다. 전철이 나오기 전 1970년대에는 이곳이 철도 종점이었습니다. 종점은 보통 노동자들이 힘들게 일하고 소주 한잔에 싼 고기를 먹으면서 피로를 달래는 곳이었지요.

이 지역에는 당인리발전소가 지하로 들어가는 호재도 있습니다. 일제강점기에 만들어진 가장 오래된 화력발전소인데, 지금 2019년 완공을 목표로 지중화 작업을 하고 있습니다. 지중화 작업 후에는 그 위를 공원으로 만들어서 사람들이 활동할 수 있게 할 것입니다. 이곳은 바로 옆 한강을 이용할 수 있어서 집값이 많이 올랐습니다. 그 주변에 집도 있지만, 외국인 전용 면세점 같은 상권밖에 없어서 썰렁했는데, 어떻게 바뀔지 궁금합니다.

한창 홍대 상권이 성장하다가 요즘은 좀 주춤하고 있습니다. 지금은 오히려 몇 년 동안 많이 쇠퇴한 신촌, 이대 쪽이 활성화되고 있지요. 서울의 상권이 어떻게 움직이는지는 항상 눈여겨볼 필요가 있습니다. 우리가 볼 때는 상권이 확장하는 것 같지만, 실력 있는 사람들에 의해 밀려나가는 것입니다. 요즘은 실력 있는 청년들이 처음부터 기획해서 들어가는 경우도 많습니다. 처음에는 싼 곳으로 들어갔다가 그 지역을 활성시킨 후 다른 곳으로 옮겨가는 패턴입니다. 그런데 이런 상황이 너무 자주 반복되어 예전처럼 신선한 느낌은 많이 반감되었습니다.

합정·서교생활권을 얘기해볼까요? 서강동, 서교동, 합정동, 연남동이 있는데 연남동의 변화가 놀랍습니다. 예전보다 정비도 많이 됐고, 예쁘게 지어진 건물도 사이사이에 있어 점점 많은 사람이 모입니다. 예전에는 경의선 철도가 지상에 있었고, 그래서 그 주변은 인기 없는 주거지였습니다. 그때까지만 해도 한국인보다 중국인이 사는 싼 동네라는 이미지가 강했는데, 지중화가 되고 경의선숲길이 만들어지면서 연남동의 인상이 180도 바뀌었지요. 또 새 건물과 상업시설이 많이 들어왔습니다. 연남동에는 리뉴얼되는 건물도 많고, 게스트하우스 등도 많이 생겼습니다.

● ● ●

마포구는 종로, 여의도 등 메인 일자리로 출근할 수 있는 베드타운 역할도 하고 상암에 자체 일자리도 많이 공급하고 있습니다. 게다가 근처에 한강도 있기에 미래가치는 굉장히 좋다고 판단할 수 있습니다.

 향후에 한강을 활용할 수 있기 때문에 미래가치가 높습니다.

 좋은 대학교, 좋은 상권, 좋은 일자리를 두루 갖추고 있는 생기 넘치는 도시입니다.

 아현동 재개발이 주목받고 있고, 경의선숲길로 환경쾌적성도 좋아졌습니다.

5장
서른 살 생일이 더 기대되는
1기 신도시

분당, 일산, 평촌, 중동, 산본

분당
신도시

분당신도시는 살기 좋은 조건을 두루두루 갖춘 곳입니다. 그렇기에 주민들
의 자부심도 대단하지요. 지금부터 명품 주거지역의 이야기를 들어볼까요?
분당신도시입니다.

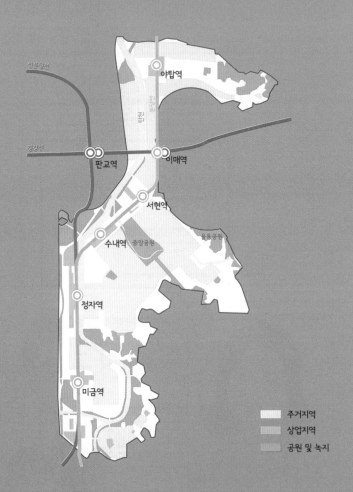

신분당선

경강선

판교역

야탑역

이매역

서현역

수내역   중앙공원

율동공원

정자역

미금역

주거지역
상업지역
공원 및 녹지

한번 들어오면 나갈 수 없는
욕망 입지 분당

흔히 '천당 밑에 분당'이라는 말을 합니다. 분당에는 없는 게 없다는 얘기지요. 부동산은 특히 여자의 취향이 중요한데, 여자들이 좋아하는 모든 요소가 총집합한 지역이 바로 분당입니다. 분당은 학군도 좋고, 교통도 끊임없이 변하고 있습니다. 최근에 경강선도 개통되었지요.

편리하게 이용할 수 있는 상업시설과 문화시설도 많습니다. 또 탄천, 율동공원, 중앙공원 등 자연환경도 좋습니다. 네이버 본사 등 IT 기업도 많이 들어와 일자리도 풍부하지요. 그야말로 없는 게 없는 분당, 하나하나 살펴보겠습니다.

리모델링과 재건축을 지켜보라!

분당은 우리나라 아파트 역사, 신도시 역사의 전형이기 때문에 당장 투자를 안 하더라도 공부한다는 생각으로 접근하면 좋습니다. 이곳은 25년간 신도시 대장 노릇을 해왔고, 지금은 노후하여 리모델링과 재건축 이야기가 나오고 있지요. 서울도 강남, 목동, 상계 등 택지개발지구에서 리모델링, 재건축 얘기가 나오고 있습니다. 이걸 보면, 분당은 수요가 많은 완벽한 택지개발지구이자 기반시설, 교통, 환경까지 갖춘 지역이기 때문에 재건축이나 리모델링은 충분히 가능한 얘기입니다.

리모델링과 재건축 중 어떤 걸 할 것인지는 선택의 문제입니다. 당장 새 아파트를 만들어서 프리미엄을 받을 것인지, 아니면 기다렸다가 추가 분담금을 덜 낼 것인지 말이죠. 리모델링 연한은 15년이고 재건축 연한은 30년이기 때문에 당장 새 아파트가 필요하다면 리모델링도 좋습니다. 문제는 분당 리모델링은 중층 이상이라 추가

분당 리모델링 추진 단지	
지역	단지명
분당 정자동	느티마을공무원3단지
분당 정자동	느티마을공무원4단지
분당 정자동	무지개4단지주공
분당 정자동	한솔5단지주공

탄천에서 바라본 정자동. 네이버로 대표되는 일자리, 분당선, 신분당선, 경강선 등의 교통은 물론, 상권, 학군, 공원 등 그야말로 빠지는 게 하나도 없는 1기 신도시 최고의 입지.

분담금이 많이 들어간다는 것이죠.

20평대에 살다가 30평대로 이사 가려면 최소 1억 5천만 원 이상의 돈이 필요합니다. 그러니 아파트 매입비용에 추가 분담금을 합했을 때, 주변 새 아파트보다 저렴한지를 따져봐야 합니다. 잊지 말아야 할 건 리모델링에 반대하는 사람도 많다는 것입니다. 입지가 좋아서 사는 사람이 많기 때문이죠. 대표적으로 서울 압구정동이 그렇습니다. 40년이 넘었는데, 리모델링을 하지 않고 있습니다. 동부 이촌동, 반포주공1단지, 여의도도 마찬가지입니다. 분당은 입지가 좋기 때문에 나중에 분명히 재건축 될 것입니다. 재건축이 될 때까지 몇 번이나 사고팔 수 있습니다. 입지가 좋지 않은 곳에서는 생각할 수 없는 일이지요.

분당 재건축될 만한 단지		
단지명	용적률	종
매화마을3단지	113%	2종
매화마을4단지	130%	2종
탑마을주공8단지	150%	2종
이매촌성지	160%	3종
샛별마을동성, 삼부	140%	3종
한솔마을주공4단지	146%	3종
한솔마을주공5단지	181%	3종
한솔마을주공6단지	183%	3종
느티마을3, 4단지	182%	3종
공무원주공5단지	151%	3종
청솔동아	144%	3종
청솔주공9단지	143%	3종
까치마을대우롯데선경	143%	3종
까치주공2단지	151%	3종
하얀주공5단지	131%	3종

분낭은 재건축까지 15~20년 정도 남았습니다. 하지만 가격은 계속 올라갈 테니 마음 편하게 접근하세요. 교통도 굉장히 편리합니다. 종로, 광화문까지 다니는 광역버스도 많습니다.

분당에서 정자동 얘기를 안 할 수 없습니다. 분당구에서 가장 비싼 지역은 판교인데, 판교는 2기 신도시니 논외로 하고, 기존 분당에서 가장 비싼 지역은 정자동입니다. 대표적으로 파크뷰가 유명한데,

원래는 주거용 아파트를 지을 수 없는 곳에 주상복합으로 지은 것입니다. 그런데 저층에 상가가 없어 사실상 주상복합이 아닙니다. 일종의 편법으로 지어진 것입니다. 그래서 뒷말이 많았지요. 이와 상관없이 초기에 입주한 사람들은 현재 엄청난 시세차익을 보게 되었습니다. 정자동에는 아파트도 많지만 주상복합이 굉장히 많습니다. 차분하고 좋은 분위기의 동네입니다. 이렇게 생활편의시설이 잘 되어 있는 지역은 프리미엄도 높습니다.

교통과 일자리를 모두 아우르다

분당에는 부동산으로 분석할 수 있는 것들이 다 있다고 보면 됩니다. 서울에도 없는 학원, 카페, 상가가 분당에는 다 있습니다. 특히 1991년 서현역에 시범단지가 처음 생겼는데, 최초의 신도시 택지개발단지였고 서울과 과천을 제외하고 평당 2천만 원이 넘었던 최초의 지역이었습니다. 1기 신도시를 만들 무렵 강남 사람들이 분당에 갈지, 일산에 갈지 고민했던 적이 있었습니다. 당시에는 가격 차이가 별로 없었기 때문인데, 결과적으로 일산보다 분당을 선택한 사람들이 더 많은 돈을 벌게 되었습니다. 왜 그럴까요? 아마 강남으로 출퇴근하는 직장인은 분당을, 강북으로 출퇴근하는 직장인은 일산을 선택했을 것입니다. 그런데 강북보다는 강남에 일자리가 훨씬 더 많았기 때문에 분당을 선택할 확률이 높았지요. 또 둘 다 신도시 시작 단계였는데, 일산은 끝에 위치했고 분당은 더 남쪽에 배후 도시인 용인이 있어 중간 입지였습니다.

지금도 그렇지만, 앞으로도 분당 중심으로 교통이 개발될 것입니다. 인구 측면에서도 분당은 파워가 센 곳이지요. 최근에 개통된 경강선도 여주, 광주, 분당, 판교까지 연결되었습니다.

기존의 분당선은 서울과 연결되긴 하지만 접근성이 좋지는 않았지요. 그런데 신분당선이 뚫리고 작년에 경강선이 개통하면서 서울과 접근성이 더 좋아졌습니다. 경강선은 지선이기 때문에 신분당선만큼 좋지는 않지만, 판교에서 환승이 가능해 미래가치는 충분합니다. 또 서울 거주자가 분당, 판교를 거쳐 여주, 이천까지 갈 수 있기 때문에 중간 입지 효과도 기대할 수 있습니다. 분당은 전철뿐만 아니라 도로망도 잘 되어 있습니다. 경부고속도로, 분당수서간도시고속화도로, 분당내곡간고속화도로 세 가지가 기본적으로 갖추어져 있기 때문에 유입되는 속도가 차원이 다릅니다. 그뿐만 아니라 제2경인고속도로(안양-성남)도 있습니다. 안양에서 성남까지 연결되어, 가산디지털단지, 여의도 등 모든 일자리 지역을 아우릅니다. 특히 제2경인고속도로(안양-성남)는 인천부터 강릉까지 연결되기 때문에 중간 입지로서도 핵심적인 도로입니다. 이처럼 교통 편리성이라는 호재 하나만으로도 분당은 투자 가능성이 높은 지역입니다.

GTX도 많은 사람의 관심을 받고 있습니다. 신분당선처럼 빠르게 업무지구로 들어갈 수 있습니다. 지금 신분당선을 통해 판교에서 강남까지 11분대만 진입이 가능합니다. 여기에 GTX까지 연결되면 강남역보다 일자리가 더 많은 삼성역에도 10분대 진입이 가능해집니다. 기존의 분당선은 너무 돌아가는 경향이 있습니다. 최근 급행이 생겨서 조금 나아지긴 했지만, GTX나 신분당선의 영향력을 뛰어넘기는 힘들 것입니다. 참고로 GTX 성남역은 판교역과 이매역 사이에 들어섭니다.

이매동은 2016년 경강선 전철 개통과 맞물려서 집값이 많이 올랐습니다. 분당 자체 수요도 있지만, 판교에 인접해 있기 때문입니다. 일자리 수요지요. 이매는 원래 학군이 센 지역은 아니었는데, 최근에 많이 좋아졌습니다. 또 분당수서간도시고속화도로 위를 덮는 공사가 잘 되고 있기 때문에 쾌적성이 더 높아질 예정입니다. 결국 분당이나 판교는 교육, 상권과 더불어 자연환경까지 좋은 입지가 되었기 때문에 앞으로 더 비싸질 것입니다.

분당의 아파트 가격 순위는 서현동, 수내동, 정자동, 이매동 이런 식으로 1위가 계속 바뀌는 형태입니다. 학군도 영향을 쳤겠지만 일자리 호재가 강하게 반영된 것이 아닐까 생각합니다. 예전에는 정자동이 임대 아파트밖에 없어서 가장 쌌는데 파크뷰가 들어오면서 지역의 랜드마크가 되어 시세를 높였습니다. 또 카페거리가 생기면서 상권도 흥했지요. 그런데 신분당선이 개통되어 강남 접근성이 높아지고, 판교도 생겨 최근에는 정자동 상권이 힘을 잃었습니다.

최근에는 2018년 4월 신분당선 개통 예정인 미금역에 관심이 집중되고 있습니다. 이미 아파트 가격에는 영향을 준 것 같습니다. 거주자에게는 편할 것 같은데, 획기적이라는 생각은 들지 않습니다. 강남과 직접 경쟁하기 때문에 상권에도 큰 영향을 줄 것 같지는 않습니다.

판교 때문에 힘이 좀 빠진 분당 상권

분당에서 상업이 매우 발달한 곳 중 하나는 야탑입니다. 특히 병원이 정말 많아서 차츰 노인 인구가 늘어날 것입니다. 이곳은 중원구와 수정구에 없던 상업시설의 수요를 보완해주는 역할을 했습니다. 고속버스터미널도 있고, 병원도 많아 다른 지역에서 오는 사람들이 꽤 있습니다. 그에 비해 유흥업소는 적은 편입니다. 분당이 중동보다 2배 이상 비싼 이유가 바로 이것이지요. 여러 면에서 신도시의 대표 격입니다. 또 분당, 특히 정자동은 풍수지리적으로 좋은 입지입니다. 정자는 분당에서도 중앙에 있고, 낮은 산으로 둘러싸여 있으며 탄천도 지나서 물과 산의 기운을 온전히 받을 수 있는 입지입니다.

분당은 한마디로 KBF(key buying factor : 교통편리성, 교육환경, 생활편의성, 환경쾌적성)가 풍부한 지역입니다. 분당만큼 빠지는 것 없이 골고루 발달한 곳이 없습니다. 그래서 한 번 들어가면 나오기 힘든 곳입니다. 서울을 포함해도 제일 좋은 택지개발지구가 바로 분당입니다. 일자리, 교육, 환경, 입주민 의식 수준까지 분당 만한 곳이 없으니까요. 향후 리모델링, 재건축 가능성도 높기 때문에 소형, 중형 아파트는 지금 투자해도 좋습니다.

분당 상권 중에서도 병원은 무시할 수 없는 부분입니다. 점점 노령 인구가 많아지고 있기에 병원의 입지도 중요합니다. 분당에는 종합병원급이 3개(서울대병원, 차병원, 제생병원)나 있습니다. 특히 서울대병원이라는 상징적인 랜드마크도 큰 의미가 있습니다. 또 분당에는 아울렛, 마트 말고도 신세계, AK, 현대, 롯데 등 백화점도 많습니다. AK와 롯데는 '슬리퍼 상권'입니다. 특히 시식 코너가 잘 되어 있어 주부들의 관심을 끌기 좋습니다. 다른 지역과는 달리 분당은 시작부터 백화점이 2개였습니다.

그런데 최근 판교 현대백화점이 등장하면서 다른 백화점 고객을 많이 뺏어갔습니다. 특히 명품관이 타격을 많이 받아서 한때 업계 분위기가 안 좋았다고 합니다. 외부에서 오는 고객들은 판교 현대백화점으로 많이 가고, '슬리퍼 생활권'의 고객들은 여전히 AK, 롯데 등을 많이 이용합니다. 그런데 분위기 자체는 판교 쪽으로 많이 기울었습니다.

자연과 가깝고 모범적인 교육환경

교육도 얘기해볼까요? 현재 분당에는 좋은 중학교가 많습니다. 분당은 택지개발지구 교육환경 모범사례입니다. 다른 택지개발지구는 단지가 생긴 후에 주민의 요청으로 학교가 들어서는데 분당은 미리 생겼습니다. 입주민의 파워가 강력했기 때문입니다. 또 미분양이 생길 가능성이 거의 없기 때문에 미리 학교를 만들어도 괜찮았던 거겠지요. 같은 맥락에서 세종시도 입주 전에 학교를 세웠습니다. 이렇듯 교육과 입지는 관련이 많습니다.

교육은 관련 데이터가 많이 있기 때문에 찾아보는 게 좋습니다. 기본적으로 초중고 위치를 잘 파악해야 합니다. 비평준화 시절에는 서현고가 가장 좋았지만, 평준화 이후에는 골고루 좋아졌습니다. 학원가도 여러 동에 균등하게 퍼져 있습니다. 심지어 판교도 입주 때부터 학군이 좋았습니다.

또 중앙공원, 율동공원, 탄천, 주변의 산 등 좋은 자연환경을 갖추고 있습니다. 분지에 위치하여 아늑한 느낌도 있습니다. 분당은 자연에 가장 가까운 신도시인 반면, 평촌이나 산본은 주변의 산이나 물을 제대로 살리지 못했고, 일산은 호수공원 하나가 유일한 자연환경으로 자리잡고 있습니다.

분당, 그래서 어디를 살까요?

최근 1~2년 사이 분당 집값이 많이 올라서 지금 투자해도 되는지 고민하는 사람이 많습니다. 재건축 이슈에 대한 말도 많습니다. 실거주용이면 소형 평수 위주로 학군 등 호재가 있는 곳을 선택하는 게 좋습니다. 그런데 장기간 많은 돈이 들어간다면 서울에 투자하는 게 더 낫습니다. 만약 전세 기준으로 분당이 5억, 서울이 6억이라면 차액 등을 따져보고 돈을 더 주더라도 서울을 선택하는 게 낫습니다. 지금 분당에 투자하는 것은 좀 버거울 수 있습니다. 물론 개인 취향에 따라 골라야 합니다. 잊지 않아야 할 것은 점차 우상향할 것이 확실한 곳은 당장 리모델링이나 재건축이 진행되지 않아도 그 기간 동안 사고파는 것을 반복할 수 있다는 겁니다.

주상복합은 일반 아파트보다 선호도가 떨어집니다. 입주 초기의 프리미엄이 계속 유지되거나 오르지 않는 경향이 있습니다. 파크뷰가 좋은 건 주상복합으로 분양했지만 사실상 일반 아파트라 수요가 더욱 많다는 점입니다. 주상복합은 '나홀로 아파트'라고 생각하고 접근하면 될 겁니다. 대단지 아파트보다 상승폭이 높지도 않고 장기간 인기를 유지하는 힘도 약하지만, 경기가 좋으면 조금씩 상승할 수 있습니다. 오피스텔처럼 월세를 받는 수익형 부동산으로 활용하는 것도 좋습니다.

기존 분당 거주자가 판교로 넘어간 경우가 많습니다. 왜 그럴까요? 처음에 분당으로 온 사람들 중 강남 출신이 많습니다. 그런데 이제 분당이 낡으니 신도시인 판교로 넘어가는 것이지요. 그러므로 분당 등 1기 신도시를 살필 때는 판교 등 새롭게 들어서는 인근 지역의 분위기도 함께 파악하는 것이 필수입니다.

 분당은 재건축까지 15~20년 정도 남았지만, 가격은 계속 올라갈 테니 마음 편하게 접근하세요.

 판교 때문에 분당 상권의 힘이 많이 빠졌지만, 여전히 분당 상권에는 없는 게 없습니다.

 GTX-A 노선 개통(교통), 분당수서간도시고속화도로 지하화(환경쾌적성), 판교테크노밸리1, 2, 3차(일자리), 학군 등 뭐하나 빠지는 것이 없는 곳입니다.

그래서
어디를
살까요

일산
신도시

호수공원 하나만으로도 일산은 충분히 가치 있는 지역입니다. 게다가 분당의 라이벌로 꼽힐 만큼 잘 지어진 명품 신도시지요. 지금부터 최적의 주거환경을 갖춘 일산신도시를 알아볼까요?

주거지역
상업지역
공원 및 녹지

일산역
대화역
주엽역
풍산역
킨텍스
킨텍스
정발산
정발산역
백마역
한류월드 도시개발구역
일산테크노밸리
방송영상밸리
일산호수공원
마두역
고양청년 스마트타운
GTX
백석역
곡산역

강남 접근성까지 좋아질
최적의 주거환경 일산

이제 일산신도시에 대해 얘기해보겠습니다. 일산 하면 가장 먼저 떠오르는 건 호수공원 아닐까요? 호수공원은 1990년대 중반 고양시 꽃박람회로 이름을 알렸습니다. 이 행사를 보기 위해 전국에서 모여들 정도였지요.

일산은 주요 도로인 자유로, 제2자유로가 자주 막히고, 3호선이 많이 돌아가기 때문에 지하철로 가기에도 애매한 지역입니다. 고양시 인구가 1백만 명 이상인데, 경기도에서 인구가 1백만 명 이상인 도시는 고양시와 수원시밖에 없습니다. 고양시는 덕양구와 일산동구 및 일산서구로 나뉩니다. 처음에 덕양구 주민들은 일산 주민으로 불리는 것을 싫어했는데, 일산이 전국적으로 유명하다 보니 지금은 그냥 일산에 산다고 말합니다.

주변 택지지구들과의 경쟁, 환경과 교육을 프리미엄으로!

일산은 점차 확장하고 있습니다. 이런 경우에 보통 중심지가 더 비싼데, 일산은 중심지가 싸고 주변부가 비싼 기이한 현상이 나타납니다. 수요는 한정이 되어 있는데, 공급은 많아 경제 효과가 줄어들고 있는 것이지요. 주변 파주 운정신도시, 김포 한강신도시 등으로 수요를 뺏기고도 있습니다. 분당은 주변에 경쟁 입지가 없는데, 일산은 경쟁 입지가 많습니다.

같은 고양시만 봐도 삼송, 원흥, 지축, 향동, 덕은 같은 작은 택지지구도 생기고 있습니다. 지축은 서울과 일산의 중간 지점이라 접근성이 좋고, 새 아파트이며, 초중고도 있습니다. 역도 끼고 있어 아주 좋지요. 지금까지 지축은 구파발역까지 왔던 3호선의 철도 차량기지 역할을 했는데, 삼송지구가 잘 되면서 바로 옆인 지축에도 택지지구를 개발하게 되었습니다. 덕은, 향동은 마포구와 접근성이 좋습니다. 원래 그린벨트 개발제한으로 묶여 있었는데, 서울의 수요가 많다 보니 개발되었지요. 일산은 작은 택지지구와 경쟁해야 하기 때문에, 이들이 가질 수 없는 자연환경과 교육 등의 프리미엄을 경쟁력으로 삼아야 합니다.

그렇다면 교통을 좀 더 자세히 살펴보겠습니다. 서울에서 일산을 갈 때 3호선을 타고 간 적이 많나요? 별로 없을 거라는 생각이 듭니다. 은평구와 덕양구를 다 돌고 들어가 접근성이 떨어지거든요. 물론 강남이 아니라 중구나 종로 쪽에서 출퇴근하는 직장인은 충분히 접근 가능하고, 광역버스도 다른 지역보다 잘 되어 있습니다. 일산에 사는 친구들을 보면 상암, 신촌, 여의도 등 강북 쪽에 직장이 많습니다.

그런데 만약 GTX로 일산에서 서울까지 통하는 교통이 획기적으로 편리해진다면 어떨까요? 파주 운정에서 출발하는 GTX-A 노선은 일산 킨텍스, 서울역, 삼성역으로 이어집니다. 만약 개통한다면 킨텍스에서 삼성까지 20분이 채 안 걸립니다. 일산에서 강남권까지의 출퇴근이 굉장히 용이해지는 것입니다. 2018년 상반기 사업자를 선정하고 2018년 하반기 착공하는 일정으로 진행되고 있습니다. 이제까지 일산은 강남의 수요를 끌어오지 못했는데, 2023년에 계획대로 GTX가 개통한다면 강남으로 출퇴근하는 사람들이 일산을 선택할 수 있는 가능성이 큽니다. 왜냐하면 분당을 제외하고는 일산이 1기 신도시 중에 가장 살기 좋다고 생각하는 사람이 많기 때문입니다.

일산은 베드타운입니다. 일자리 계획은 많지만 킨텍스 이후에는 아직까지 별로 들어온 것이 없습니다. 그래도 2017년 EBS 본사가 일산으로 이전했고, 일산 테크노밸리도 2022년 들어설 예정입니다. 또 CJ문화콘텐츠단지를 포함해 한류월드 개발 계획도 있기 때문에

일산 호수공원에서 바라본 대화동 및 킨텍스·한류월드지구. GTX-A 노선, 경기북부테크노벨리, CJ문화콘텐츠단지, 방송영상단지 등 굵직한 호재가 이 지역에 몰려 있다.

발전 가능성이 높습니다. 부지가 넓고 평지라 좋고, 공공사업이라 지자체나 정부가 시너지 효과를 내 개발할 수 있는 확률이 큽니다.

일산의 큰 장점은 바로 국내 최고의 호수공원이 있다는 것입니다. 일산 호수공원은 다른 지역 공원보다 확실히 특색이 있습니다. 청라 호수공원, 광교 호수공원, 세종 호수공원 등이 있지만 아직까지는 일산 호수공원이 으뜸입니다. 일산은 다른 자연이 별로 없어서 호수공원이 없었다면 프리미엄이 지금보다 낮았을 것입니다. 호수공원이 들어와 일산의 녹지 환경이 쾌적하다는 이미지를 얻게 되었습니다. 향후에도 일산은 호수공원 프리미엄을 계속 유지할 겁니다.

이를 이용하여 주거지역보다는 업무, 상업시설을 호수공원 앞에 배치해 놓았는데, 오피스텔이 너무 많아졌습니다. 엄밀히 말하면 이

지역은 오피스 지역이 아니라 일산 사람들을 위한 상업 지역입니다. 차라리 처음부터 고급 대형 주상복합이나 주거시설을 배치했으면 더 좋았을 것 같네요. 일산에는 분당의 파크뷰, 광교의 에일린의 뜰 같은 랜드마크 주거시설이 없습니다. 일산 호수공원의 프리미엄을 살릴 수 있는 랜드마크 아파트가 없는 것은 문제인데, 2019년 입주 예정인 킨텍스원시티, 킨텍스꿈에그린 등이 랜드마크가 될 수 있을지 귀추가 주목됩니다.

교육도 짚고 넘어가야겠습니다. 신도시의 좋은 점은 교육 수준이 처음에는 낮았다가 균질하게 올라간다는 것입니다. 교육환경이 좋다는 의미는 서울대를 많이 보내는 중·고등학교, 학원이 많다는 것입니다. 수도권 10대 학원가에 일산 학원가 2개(후곡, 백마)가 포함되었습니다. 신도시 중 유일합니다. 대학 진학률에 따라서 아파트 가격 차이가 많이 나기도 합니다. 지금 일산신도시가 힘을 받지 못하는 이유는 평준화로 명문고가 사라졌기 때문입니다. 예전에는 백석고를 가는 것이 굉장히 중요했는데, 지금 고양시에서 가장 유명한 고등학교는 고양외고입니다. 분당은 모두 평준화가 되었지만, 일산은 오히려 고등학교보다 학원, 초등학교, 중학교 프리미엄이 더 커졌습니다. 일산의 오마중은 전국적으로 유명한 학교지요.

상권 얘기도 빼놓을 수 없지요. 2000년대 초반 일산 라페스타가 굉장히 유행했습니다. 지금은 웨스턴돔, 킨텍스 주변 원마운트, 현대백화점 등으로 상권이 분산되었습니다. 일산의 이마트타운도 굉장히 인상적입니다. 상권이 프리미엄을 얻으려면 '슬리퍼 생활권'이어야 하는데, 아직 그 주변에는 아무것도 없습니다. 2019년에 킨텍스 아파트 및 오피스텔 7000세대가 들어서면 진정한 슬리퍼 생활권이 됩니다. 예전에는 주말만 되면 이 지역 교통 문제가 심각했는데, 삼송에 스타필드, 이케아 등이 들어서며 좀 나아졌습니다.

강남 접근성 문제, 주변 택지지구의 경쟁으로 인해 시세 상승엔한계가 있었지만, 주거환경으로는 여전히 누구나 살고 싶은 도시입니다. 프리미엄은 분당, 평촌에 밀리지만, 쾌적성이 월등히 좋습니다. 2014년 '가장 살기 좋은 도시' 1위에 선정되기도 했습니다. 그래서인지 일산은 동국대병원과 백병원 등 의료시설도 우수해 여러 측면에서 분당만큼 괜찮은 도시입니다.

일산, 그래서 어디를 살까요?

일산을 투자 관점에서 본다면 어떨까요? 30평대는 분당, 평촌과 비교해서 많이 오르지는 않았습니다. 그렇지만 랜드마크라고 할 수 있는 강선마을14단지는 여러 주변 요소를 고려했을 때 투자하기 괜찮습니다. 강선마을14단지는 소형이며, 역세권이고 KBF 4가지를 다누릴 수 있는 곳이라 가장 일산다운 아파트라고 할 수 있습니다.

그런데 일산은 낡은 집이 많습니다. 상품보다는 입지로 경쟁할 수밖에 없습니다. 일산은 교통 편리성과 상권 파워가 떨어지기 때문에 교육과 환경을 경쟁력으로 내세워야 합니다. 환경은 호수공원 프리미엄, 교육은 대형 학원가와 학교입니다. 요즘 일산 수요층이 많이 빠져나가는데, GTX 등 여러 개발 호재가 다시 수요를 늘릴 수 있을지 일산의 몇 년 후가 굉장히 궁금해집니다. 특히 서울과 더 가까운 덕양구의 시세 흐름과 비교해서 분석하면 더 좋은 공부가 될 것 같습니다.

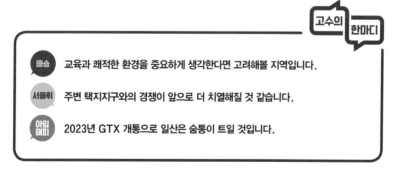

고수의 한마디

빠숭 교육과 쾌적한 환경을 중요하게 생각한다면 고려해볼 지역입니다.

서울휘 주변 택지지구와의 경쟁이 앞으로 더 치열해질 것 같습니다.

아임해피 2023년 GTX 개통으로 일산은 숨통이 트일 것입니다.

평촌
신도시

평촌신도시의 서쪽 끝은 호계동 공업지대, 동쪽 끝은 관양동 공업지대입니다. 단순히 서울의 베드타운이 아니라, 일자리가 많은 자급자족형 도시라는 것이죠. 자급자족의 도시 평촌을 함께 살펴볼까요?

인덕원~수원 복선전철 노선(예정)

◎ 인덕원역

평촌역

◎ 범계역

중앙공원

자유공원

주거지역

상업지역

공원 및 녹지

중산층을 위한 쾌적한 교육도시 평촌

평촌은 교육으로 유명한 도시입니다. 평촌신도시가 있는 안양은 예전부터 교육열이 세서 전통적으로 학군이 강했습니다. 다른 지역과 비교해도 안양에는 인근 지역을 아우르는 자사고, 특목고가 많은 편입니다.

자체적으로 교육환경이 조성된 일산과 달리 안양에는 주변에서 일부러 학군을 위해 이사 오는 경우도 많습니다. 안양과 과천이 한 학군으로 묶여 있는데, 과천도 부유층이 거주하는 지역이기 때문에 서로 시너지 효과를 내면서 좋은 학군이 됐습니다. 이렇게 학군으로 유명한 평촌에 대해 좀 더 깊이 알아보겠습니다.

교육이 프리미엄이다

교육에 관심이 많은 사람들이 평촌에 모여들어 이곳 전세가가 굉장히 높다고 합니다. 주변 사람 중 의왕에 새 아파트를 사놓고, 아이 때문에 평촌에서 전세를 사는 사람도 있습니다. 특히 중학교 학군이 중요해서, 어느 단지에서 어느 학군을 갈 수 있는지 따져서 고릅니다. 학군 정보는 교육청에 전화하면 쉽게 얻을 수 있습니다. 학원가도 아주 활발합니다. 학원가는 역세권과 다르게 임대료가 저렴하고, 한 건물 안에 뭉쳐 있어야 합니다. 평촌신도시를 죽지 않게 만들었던 것이 바로 학원가가 아닐까요?

평촌역 근처에는 아파트가 별로 없습니다. 보통 역세권은 주거 지역이 아니라 상업 지역이기 때문에 아파트는 한 블록 떨어진 곳에 있습니다. 그래도 도보로 이동할 만한 거리입니다. 역 근처에는 오피스가 많습니다. 다른 신도시와 다르게 주거지역이 쓰는 상권과 오피스가 쓰는 상권이 함께 발달해 있습니다. 또 법원, 관공서 등 공공시설도 많습니다.

앞서 말했듯 평촌에는 오피스가 많은데 특히 평촌역 뒤 스마트밸리가 최근에 급격하게 발전하고 있습니다. 예전에는 공장과 주거지역을 분리해서 건설했는데, 최근에는 직주근접인 아파트의 인기가 많고 그래서 가격이 더 비쌉니다. 그렇기에 역세권에 근접한 아파트에 투자하는 것도 좋습니다. 분당에는 '아파트형 공장'을 지을 땅이

평촌 학원가 일대. 평촌신도시가 있는 안양은 예전부터 교육열이 강해 학군이 좋은 지역으로 유명하다. 교육환경이 좋은 만큼 실수요자들이 차고 넘쳐 부동산 침체기에도 가격 방어력이 좋다.

별로 없는데, 평촌에는 이런 땅이 있습니다. 투자시 이런 점도 고려하면 좋겠지요.

안양은 서울의 위성도시로 개발된 지역이라, 평촌신도시는 처음부터 업무시설을 배려했습니다. 5대 신도시 중 직장과 오피스를 가장 중요하게 고려한 입지입니다. 타 지역에서 오는 수요가 많지는 않지만, 지역 자체 수요가 많습니다.

상권을 보겠습니다. 예전에는 평촌역과 범계역 상권이 비등했습니다. 그런데 어느 순간부터 범계역이 더 활성화되었습니다. 롯데백화점이 생기면서 젊은층이 범계역으로 가게 된 게 결정적인 계기지요. 그래서 현재 평촌역 상권이 별로 좋지 않습니다. 평촌신도시 개발 전에는 1호선 안양역(안양1번가) 상권이 어마어마했습니다. 그런데 신도시가 생기면서 상권을 다 넘겨준 셈이 돼버렸습니다.

새 아파트가 귀한 1기 신도시

평촌 바깥에 있는 초대형 새 아파트 단지 래미안안양메가트리아도 얘기하겠습니다. 이건 결국 입지냐, 상품이냐의 문제입니다. 정답이 있는 것은 아니지만, 장기적으로는 입지가 무조건 중요합니다. 상품 자체의 영향력은 한시적입니다. 10년 정도가 최대라고 보면 되지요. 이제 1기 신도시 아파트들이 많이 낡아 상품가치가 급격히 떨어지는 시점이기 때문에 자신만의 기준을 잘 세우는 것이 중요합니다. 좋은 입지의 집을 확보해두고, 상품 좋은 데서 살다가 다시 넘어오는 전략도 좋습니다. 너무 한 쪽만 고집할 필요는 없습니다.

평촌은 서울 접근성이 좋아서 많이 이가 선호합니다. 특히 신혼부부의 성지이기도 합니다. 20평대가 가장 좋고, 40평대 이상은 수요가 많지 않아 고민을 해봐야 합니다. 하지만 배후 도시를 갖는 중간 입지이기 때문에 수요는 어느 정도 계속 있을 것입니다. 평촌에서는 분당, 판교를 다니기도 나쁘지 않습니다. 전철 월곶-판교선과 인덕원선 두 노선도 더 생길 예정입니다.

상권을 좀 더 얘기해보면, 롯데백화점이 평촌에 진출한 이유도 충분한 수요층이 존재한다고 판단했기 때문일 겁니다. 보통 교육환경이 좋은 지역 주민이 백화점을 많이 이용합니다. 평촌의 교육환경이 좋기 때문에 백화점도 진출했던 거지요. 엔씨백화점은 이랜드 소유인데, 최근 이랜드가 자산을 매각하는 추세라 엔씨백화점도 팔고 주상복합이 들어설 예정입니다. 오피스텔은 주로 평촌역에 많고 범계역에는 없습니다. 대체로 주거용 오피스텔이라, 아파트의 대체제 역할을 합니다.

평촌, 그래서 어디를 살까요?

요즘은 재건축, 재개발에 따른 이주 수요가 중요한 투자 포인트입니다. 현재 임곡주공그린빌은 이주 수요가 늘고 있고, 이를 받아줄 지역이 바로 안양입니다. 이주하는 사람은 소형 평수에 잠시 살다가 옮겨가기 때문에, 처음에는 소형 전세 수요가 많다가 나중에는 한꺼번에 빠져나가는 경향이 있습니다.

또 1기 신도시 아파트는 실거주용으로 너무 낡아서 매수를 꺼리는 사람이 많습니다. 그래서 전세가가 확연히 높아지는 현상이 나타나는데, 이것이 갭 투자 포인트가 될 수 있습니다. 수요가 많아 전세가는 계속 오를 것 같습니다.

평촌은 교육환경이 좋아서 30~40평대 수요는 많습니다. 수요가 많으니 재건축, 리모델링 연한이 되면 움직일 단지도 많습니다. 당장

평촌의 랜드마크 스마트밸리

되지 않는다고 하더라도 기대감 때문에 가격이 올라가겠지요. 중동, 산본, 일산에는 리모델링 얘기가 별로 없는데, 평촌의 일부 단지는 리모델링은 물론, 심지어 재건축 얘기도 나오고 있습니다. 성남은 최근 신흥주공아파트가 재건축되었는데, 안양은 예전부터 소단지끼리 재건축을 하는 경우가 있었습니다. 이런 점을 투자 포인트로 활용하면 좋습니다.

평촌더샵센트럴시티도 가격이 많이 올라 일종의 랜드마크가 되었습니다. 현재 평당 2천만 원을 넘어서 광교 정도가 되었습니다. 평촌더샵센트럴시티는 스마트밸리에서 걸어갈 수 있어 더욱 수요가 많습니다. 또 새 아파트라 헬스장 등 편의시설도 좋습니다. 주변 단지에 없는 시설을 갖춘 것도 하나의 프리미엄이 될 수 있지요. 평촌은 중산층을 위한 도시입니다. 서울의 위성도시이긴 하지만 접근성, 일자리, 학군 모두 만족스러운 수준의 도시입니다.

신도시 중에서는 분당 다음으로 가장 좋습니다. 또 교통 호재 때문에 앞으로 수요도 더 많아질 것입니다. 무엇보다도 학군이 좋기 때문에 웬만해서 가격이 내려가지 않을 것입니다. 그래서 평촌에 사는 사람들은 자부심이 강합니다. 평촌은 래미안안양메가트리아, 스마트밸리 등을 보면서 투자 포인트를 계속 관찰하는 게 좋습니다.

 평촌은 단순히 서울의 베드타운이 아니라 주변 일자리가 많은 자족도시입니다.

 백화점이 새롭게 진출하는 입지는 더욱 주목해 볼 필요가 있습니다.

 학군과 교통, 재건축 이주 수요 등 여러 가지의 투자 포인트를 잡을 수 있는 지역입니다.

중동
신도시

중동신도시는 기존에 이미 60만 명의 인구가 거주하고 있던 부천시 도심 인근에 건설되었습니다. 당시 우리나라에서 가장 빠르게 성장하는 도시 가운데 하나였지요. 지금은 점점 쇠락하고 있는 느낌이지만 돌파구가 없는 것은 아닙니다. 중동신도시 이야기를 들어볼까요?

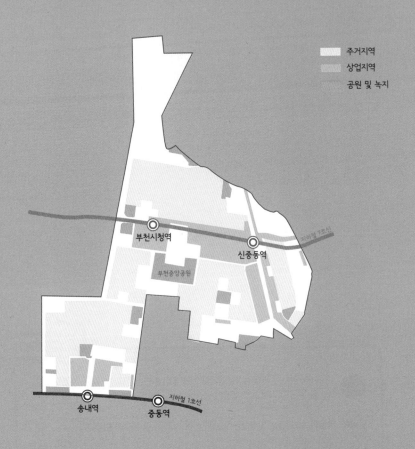

주거지역
상업지역
공원 및 녹지

수요가 검증된 출퇴근이 편한 도시 중동

예전에는 중동이 참 멋져 보였는데, 이제는 점점 쇠락하고 있는 느낌이 듭니다. 부천이 오랜 기간 시세가 오르지 않았던 이유 중 하나는 바로 접근성이 낮은 것입니다. 특히 7호선 개통 전까지는 1호선만 지나가서 서울로 다니기가 더 어려웠습니다.

차별화된 프리미엄이 기대되는 도시

2016년 부천시는 소사구, 원미구, 오정구를 폐지했습니다. 구청에서 하는 서비스를 동 단위로 내리려는 취지였습니다. 그런데 이는 자칫하면 보여주기식 행정이 될 수 있습니다. 지역 위상을 균질하게 하려다가 오히려 일자리가 줄어드는 역효과가 날 수도 있지요. 왜냐하면 세 구가 있던 때는 소사구나 오정구가 중동이 속한 원미구를 따라가려는 노력을 했는데 구가 동 단위로 내려오니 더 이상 그런 노력을 하지 않게 되었으니까요. 애초에 바라던 것과 다른 결과가 나온 것입니다. 구를 없앤 것은 전국에서 부천이 처음인데, 이런 이유로 논란이 되고 있습니다. 민원을 해결하려할 때도 혼란이 가중될 것입니다. 표면적으로 일자리가 늘어난 것처럼 보이지만, 비정규직과 계약직이 급감하여 일자리가 오히려 줄어들었을지도 모릅니다.

중동은 다른 1기 신도시에 비해 시세 상승이 더뎠습니다. 다른 지역으로 빠져나갈 여지가 많습니다. 인천이라는 대안이 있어서 너무 비싸면 그쪽으로 옮길 수도 있지요. 상권 이용이나 교통이 불편해지면 언제든지 다른 지역으로 옮길 가능성이 있는 것입니다. 일산이 강남 쪽에서 더 먼데도, 중동보다 훨씬 친근합니다. 인지도, 선호도의 차이입니다. 일산은 일부러 찾아가는 사람도 있는데, 중동은 그런 경우도 별로 없습니다.

7호선 개통 전까지 교통도 불편했지만, 요즘은 교통이 많이 나아졌습니다. 부천으로 온 사람들이 살아보고 나쁘지 않으니 정착하게 되는 것입니다. 다만, '평생 살 수는 없다'고 생각하는 사람이 많습니다. 분당, 일산보다 인지도가 떨어지는 이유이지요. 대신 출퇴근과 생활 편리성 덕분에 주로 젊은층 수요가 많은 지역이기도 합니다.

중앙공원에서 바라본 중동신도시. 자체 일자리보다는 서울 수요가 많고, 7호선 개통 후 광명에서 유입되는 인구도 증가했다. 젊은 직장인이 많기 때문에 20평대까지는 수요가 많은 편.

　또 중동, 상동이 주변 지역보다 교육환경이 좋긴 하지만, 그것 때문에 다른 지역에서 일부러 올 정도는 아니지요. 중동이 자체 경쟁력을 키우기 위해서는 그 지역만의 무언가가 있어야 합니다. 그런데 지금도, 향후에도 중간 정도는 갈 수 있어도 그 이상을 기대하기는 어렵습니다. 나중에 중동에 재건축 연한이 된다면 사정이 달라질 수도 있겠습니다.

　이곳은 현대백화점과 롯데백화점 등 백화점이 2개나 있습니다. 그 뒤쪽에는 유흥시설도 많습니다. 그런데 상권은 항상 양날의 검입니다. 주거지역에 좋은 상권, 안 좋은 상권이 있는데, 중동은 주거 지역에 좋지 않은 상권이 더 많은 것이 문제입니다. 젊은층은 수용할 수 있지만 중장년층까지 끌어오기는 어려운 환경이지요. 상권도 중동신도시 내 송내동이 주도권을 갖고 있다가 이제는 상동이 활성화되었습니다. 부평 상권이 자연스럽게 넘어간 것이죠.

상동 vs 중동

부천의 상동과 중동을 비교해볼까요? 일단, 건립 시기가 다릅니다. 중동은 1992년에 처음 입주했고, 상동은 2002~2005년 사이에 입주했습니다. 둘은 10년 정도 차이나기 때문에 더 새 것인 상동이 인기가 많습니다. 상동 역시 이미 10년이 훌쩍 넘었기 때문에 완숙한 느낌이 나는 도시입니다.

중동, 상동은 자체 일자리가 많지 않습니다. 부평에서 일하는 사람은 거의 인천에 거주합니다. 오정구에 제조업 산업단지가 있긴 하지만 제조업 종사자들은 아파트보다는 다세대 빌라에 많이 거주합니다. 결국 중동, 상동의 수요는 인천, 부천 자체 수요라기보다는 서울에서 온 수요가 많습니다. 7호선 라인으로 가다 보면 부천 옆에 광명도 있으니 인구는 계속 유입될 예정입니다. 또 부평구에는 재건축, 재개발 물량도 좀 있습니다. 재개발을 해 새 아파트가 들어서면 상품 경제력에서 밀리고, 주변에 옥길지구, 계수범박지구 등 신규택지개발지구도 많기 때문에 조금씩 수요를 뺏기게 됩니다.

한편 중동은 산과 물이 없어서 환경쾌적성은 그리 좋지 않습니다.

또 매력적인 상권의 부재도 큰 단점입니다. 주변에 대형 쇼핑몰이 생겨야 지역 프리미엄이 올라갈 수 있을 것입니다.

중동, 그래서 어디를 살까요?

중동을 투자자의 입장에서 접근해볼까요? 최근에 조사해보니, 전세가 많이 사라지고, 광명의 재개발 이주 수요를 받을 수 있다고 합니다. 실제로 7호선 개통 후 광명에서 유입되는 인구가 증가했습니다. 부천은 원래 수요가 적은 지역이었는데, 상동이 생기면서 탄력을 받았지요. 그 이후 상황이 안 좋아졌을 때 7호선이 개통되면서 또 한번 재기한 것입니다. 신도시이기 때문에 기본적인 수요는 있지만, 젊은층 위주로 돌아가므로 강력한 수요는 아닙니다. 20평대까지는 수요가 많지만, 40평대부터는 어려운 지역 중 하나입니다. 결국 서울 출퇴근이 편한 입지의 부동산으로 접근하는 것을 권장합니다. 그리고 외곽순환고속도로와 경인고속도로가 있어서 많은 직장인이 중간 입지로서 부천을 선택하기도 합니다. 그런 기본적인 수요가 탄탄하기 때문에 부천은 가격 방어력이 높습니다.

깨끗하게 새로 꾸미면 월세도 잘 나갈 수 있는 입지입니다. 특히, 중동에는 원베이(거실 하나+방 하나) 소형 아파트가 많습니다. 지하철도 가깝고, 오피스텔보다 쾌적하기 때문에 수요가 상당합니다. 소액 투자로는 괜찮은 지역입니다. 특히 매수, 매도를 처음 경험하기에 좋습니다.

투자 관점에서는 임대가도 굉장히 중요한데, 부천은 임대가가 떨어지지 않는 곳입니다. 속도가 느리더라도 계속해서 올라가고 공실률도 낮기 때문에 임대사업자에게는 좋은 투자 포인트가 될 것입니다. 특히 새 부동산이 들어오면 무조건 잘 됩니다. 그러므로 주변 지역에 신규로 분양하는 게 있는지 관심을 갖고 지켜보는 게 좋습니다.

중동은 투자 포인트로 접근하기에 나쁘지 않습니다. 신혼부부에게도 가격 대비 괜찮은 입지입니다. 상권, 교통 등 부족한 부분을 충족하려 지자체에서도 노력한다면 더 좋아질 것입니다.

아쉬운 점도 있지만 지금부터라도 매력적인 부동산 시설을 유입하는 데 신경을 쓰면 좋겠습니다. 대형 쇼핑몰 유치 등 지역 프리미엄을 높이는 획기적인 방안이 필요합니다.

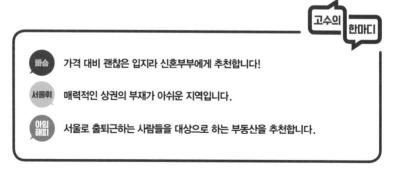

고수의 한마디

빠숑　가격 대비 괜찮은 입지라 신혼부부에게 추천합니다!

서울휘　매력적인 상권의 부재가 아쉬운 지역입니다.

아임해피　서울로 출퇴근하는 사람들을 대상으로 하는 부동산을 추천합니다.

그래서
어디를
살까요

산본
신도시

산본은 유명한 도시설계사가 계획한 도시입니다. 분지 지형에 규모도 작아 답답한 느낌이 들 수도 있지만, 가격 경쟁력은 있는 편입니다. 지금부터 산본신도시 이야기를 들어볼까요?

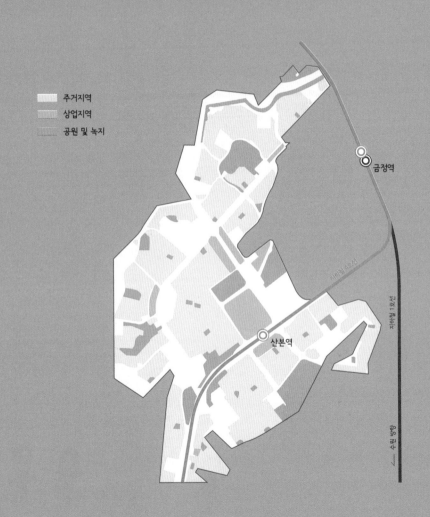

주거지역
상업지역
공원 및 녹지

금정역

산본역

실수요자를 위한 자급자족의 도시 산본

산본은 강남과 접근성이 떨어지지만 가격을 생각하면 나쁘지 않은 동네입니다. 경부고속도로 때문에 막혀 있는 느낌도 들지만, 굳이 서울까지 갈 필요 없는 사람들에겐 별 문제가 없습니다. 분지 지형에 규모도 작다 보니 더 답답한 느낌이 들 수도 있겠네요. 다른 도시와의 연결성이 떨어지기도 합니다.

그래도 산본은 유명한 도시설계사가 계획한 도시입니다. 계획도시여도 아기자기한 느낌이 있고, 공원, 상권, 역의 위치도 좋습니다. 또 마을 단위로 설계된 다른 지역과 달리 단지 단위로 나뉘어 있고, 아파트 평형 분포도 고릅니다. 산본은 '책 읽는 도시'라는 좋은 슬로건도 내세우고 있습니다. 지금부터 산본 곳곳을 살펴보겠습니다.

꼼꼼한 거주요건을 따지는
실수요자에게는 안성맞춤

산본의 아파트들이 대부분 오래된 만큼, 10년이 안 된 유일한 새 아파트로서 랜드마크가 된 래미안하이어스 얘기를 안 할 수 없습니다. 1기 신도시는 새 아파트에 대한 수요가 많은데, 래미안하이어스는 이를 해소해 준 유일한 아파트라 인기가 많습니다. 래미안하이어스에서 1호선 금정역까지는 걸어서 15분 정도 걸리는데, 여기에는 GTX-C 노선의 역사도 들어설 예정이므로 미래가치는 더 높은 편입니다. 현재 GTX-C 노선은 예비타당성 조사 중인데, 실제 산본에서 삼성역으로 가려는 수요가 얼마나 될지는 잘 모르겠습니다.

최근 산본역 앞 세종주공6단지에 투자자가 많이 들어왔습니다. 리모델링 호재가 있기 때문인데요, 자세히 살펴보면 사업성이 있을지 의문이 듭니다. 산본의 평당가가 전체적으로 오르지 않는다면 힘들지 않을까요? 원래는 평당 7백~8백만 원 수준이었는데, 최근 몇 년 간 1천~1천3백만 원까지 올랐습니다. 추가 분담금을 넣어 얼마까지 오를 수 있는지 예측했을 때 평당 2천만 원 정도는 돼야 리모델링이 가능합니다. 그런데 현재 산본에서 그런 아파트는 없습니다. 조금 더 시세가 올라야 리모델링이 탄력을 받을 것입니다.

실수요자는 투자자보다 거주 요건을 더 꼼꼼하게 따지게 마련입니다. 그중 상권과 학군을 충족시키는 것이 세종주공6단지입니다. 또

산본 로데오거리 일대. 산본은 4호선이 있음에도 서울과는 심리적으로 멀어 서울 수요는 별로 없는 편이지만 주변에 일자리도 많고 상권도 발달해 자족도시로서의 기능을 수행한다.

원래 병원 부지로 방치된 곳에 롯데몰이 생기면서 산본 상권에 영향을 미치고 있습니다. 세종주공6단지는 가장 활성화된 상권 바로 옆 단지에 있고, 산본역도 가깝습니다. 상권과 역세권을 이용할 수 있는 것만으로도 프리미엄은 충분합니다.

요즘 산본 로데오거리는 깜짝 놀랄 정도로 사람이 많습니다. 학생, 주부, 직장인 모두가 이용할 수 있는 복합적인 상권입니다. 상권 투자를 들어간다면 타이밍은 신도시 3~5년 사이가 적당합니다. 10년 이상이 되면 너무 올라서 사고 싶어도 못 살 수 있습니다. 이곳은 서울에서 먼저 검증된 브랜드가 들어와 성공하는 경우가 많습니다. 기본적인 수요가 탄탄하다는 증거입니다. 아마 우리나라에서 가장 대중적인 인구 구성을 가진 신도시가 산본일 것입니다. 그래서 프랜차이즈가 잘 먹히는 것이지요.

학원가도 얘기해볼까요? 수요가 있기 때문에 좋은 학원이 산본에 먼저 가맹점을 내는 경우도 있습니다. 아파트 거주자가 다세대 빌라 거주자보다 교육에 대한 관심과 열정이 높기 때문에 가능한 이야기입니다. 산본역 바로 앞 충무주공 2, 3단지에도 많은 투자자가 들어갔습니다. 이 지역의 4호선은 지하철이 아니라 지상철이기 때문에 앞에 위치한 단지에 소음이나 분진 문제를 줍니다. 이 부분도 놓치지 말고 고려해야 합니다. 또 전국 규모로도 큰 시장이 있어 항상 사람이 많고 북적거립니다.

산본의 교육, 학군은 어떨까요? 학교 수도 많고 위치도 좋지만, 그렇다고 학군 때문에 산본으로 이사 가지는 않습니다. 산본 교육환경의 가장 큰 장점은 블록마다 초등학교가 하나씩 있는 것입니다. 학교 분포도가 가장 좋은 신도시 중 하나입니다. 교육청도 안양 교육청은 안양과 과천을 함께, 군포는 단독으로 관할합니다.

최근에는 강남, 목동, 중계처럼 몇 개 지역만이 학군 프리미엄을 독점하기 때문에, 그 이외에는 굳이 옛날처럼 프리미엄을 세세히 따질 필요가 없습니다. 차라리 초등학교가 가까운지, 학원가가 있는지 등을 따져보는 게 낫습니다. 한편 산본은 다른 신도시와 다르게 주공 단지가 많습니다. 아마 LH에서 전략적으로 계획도시를 만든 게 아닌가 싶습니다. LH는 단기간에 주택을 많이 공급하는 목적과 새로운 주거 상품을 개발하는 목적 두 가지가 있는데, 산본의 경우는 전자입니다. 그래서 많은 주택이 들어가도록 개발했지요.

산본, 그래서 어디를 살까요?

투자 얘기를 해볼까요? 몇 년 전에 가야주공과 한라주공의 작은 평수들이 경매에 나오는 경우가 종종 있었습니다. 감정가가 1억 3천만 원 정도로 시세와 비슷했는데, 그보다 낮은 가격에 낙찰 되었습니다. 그럼에도 월세는 꽤 높은 편이었습니다. 아파트가 낡아서 더이상 시세가 오르지 않을 거라고 생각했는데, 지금은 많이 올랐습니다. 만약 그때 낮은 가격으로 매입했다면 월세 수익부터 시세차익까지 쏠쏠한 재미를 볼 수 있었을 겁니다.

산본에는 어떤 자연환경이 있을까요? 수리산이 있습니다. 독수리를 닮아서 풍수지리적으로 인정받는 산 중 하나입니다. 초막골생태공원, 한얼공원, 중앙공원 등 큰 공원도 많은 편입니다.

일자리도 풍부합니다. 특히 제조업이 상당히 많이 포진되어 있습니다. 안양이나 군포 거주자가 산본에 출퇴근을 하는 경우도 많습니다. 또 최근에는 IT 업종도 많이 들어오고, 아파트형 공장도 생기고 있습니다.

앞으로 산본은 어떻게 될까요? 산본도 1기 신도시의 문제점을 고스란히 안고 있습니다. 아파트가 낡아서 상품가치가 떨어지고 입지가치 하나로 유지되고 있습니다. 그러니 교통, 상권, 학교 등의 입지 조건을 꼼꼼히 살펴보고 접근하는 게 좋습니다. 계속 수요가 느는 지역이 아니기 때문에 앞으로의 리모델링, 재건축 가능 여부를 따져 보는 것도 중요합니다.

향후 10~20년 후 인플레이션을 감안하여 가격이 얼마나 오르는가를 봐야 하는데, 역시 가까운 평촌의 시세를 따라 가는 흐름을 보일 겁니다. 산본은 워낙 매매가가 싸서, 매매 가격과 전세금 간의 차액이 적습니다. 그렇다고 무작정 갭 투자를 하는 건 지금 시기에는 특히 더 조심해야 합니다.

특별한 호재는 없을까요? 고양과 달리 군포에는 주변부에 작은 택지지구가 없습니다. 오히려 택지가 개발되면 외부에서 유입되는 사람들이 산본에 관심을 갖게 될 수 있을 겁니다.

● ● ●

이미 산본은 신도시가 된 지 20년이 넘었기 때문에 기본 시설은 다 갖추고 있고, 이 점이 가장 큰 장점입니다. 있을 것이 다 있고, 자급자족도 가능한 도시입니다. 서울로 통하는 4호선이 있고 그 외 버스도 잘 갖추어져 있습니다. 심리적으로 멀기 때문에 서울 수요는 많지 않겠지만, 자체 수요가 충분히 있기에 가치 있는 지역입니다. 최근에 시세가 많이 올랐기 때문에 당장 더 오르기는 어려울 것 같지만, 미래의 호재를 잘 관찰하며 투자 타이밍을 잡아보면 좋겠습니다.

 산본처럼 오래된 아파트가 많은 지역일수록 입지조건을 더 꼼꼼히 살펴봐야 합니다.

 상권과 학군이 좋고, 리모델링 가능성이 있는 산본 세종주공6단지에 주목하세요.

 신혼부부나 젊은층이 처음 시작하는 곳으로 적당하지요!

6장
부동산 고수들과
한 걸음 더 들어갑니다

부동산은 자산을 담는 그릇입니다

by 아기곰

『아기곰의 재테크 불변의 법칙』 저자,
'아기곰의 투자 스토리' 블로그 운영자

많은 사람이 집을 사야 하나 말아야 하나 고민합니다. 이때 우리는 인생이 생각보다 길다는 사실을 잊지 않아야 합니다.

"집을 샀는데 1천~2천만 원 떨어지면 어떡하지? 나중에 값이 더 떨어지면 사야겠다."

이렇게 생각하는 사람이 많지요. 하지만, 실제 그런 일은 잘 일어나지 않습니다. 화폐가치가 계속 떨어지기 때문입니다. 이때 화폐를 일정한 가치를 갖는 상품(예를 들어 부동산)으로 바꾸어서 보유하는 일을 전문 용어로 인플레이션 헤지라고 합니다. 좀 더 쉽게 말해볼까요? 제 어렸을 적에는 짜장면이 50원이었습니다. 지금은 5천 원 정도니 백 배가 오른 것입니다. 그렇다면 앞으로 디플레이션이 오면 짜장면 값이 다시 50원으로 내려갈까요? 주방장이 월급을 1만 원만 받으면 또 모를까 그런 일은 일어나지 않습니다. 경기는 좋을 때도 있고 나쁠 때도 있지만, 정상적인 국가라면 물가는 결국 장기적으로 계속 오를 수밖에 없습니다. 지금 내가 제일 비싸게 샀다고 생각하더라도 나중에 보면 싸게 산 것일 수도 있지요. 옛날에는 짜장면 값 50원이 굉장히 비싼 거였지만, 지금은 굉장히 싼 것처럼 말이죠. 지금 생각으로 1천~2천만 원이 굉장히 큰돈이지만 몇십 년 후엔 그렇지 않을 수 있다는 겁니다.

부동산은 기본적으로 자산을 담는 그릇이라고 보면 됩니다. 만약에 현금이 10억 원 있다고 해봅시다. 한꺼번에 한 은행에 넣어두면 5천만 원밖에 보장이 안 됩니다. 20개 은행에 5천만 원씩 나눠 넣어야 전부 보장이 되는데, 우리나라의 은행이 20개도 안 됩니다. 저축은행까지 합해야 20개가 될 텐데 은행에 넣어두고, 계속 만기일을 신경 쓰는 것도 우스운 일입니다. 은행은 이자도 낮습니다. 그래서 어느 정도 자산이 있는 사람은 부동산에 투자하여 자신의 자산을 담아놓는 것입니다. 가장 안전하게 자산을 담아놓을 수 있는 게 바로 부동산이니까요.

또 어떤 사람은 낮은 가격에 사겠다는 생각을 갖고 투자에 뛰어드는데, 이것도 쉽지 않습니다. 4억 원이었던 집값이 3억 9천만 원이 되면 집을 살수 있을까요? 못 삽니다. 조금 더 기다리면 3억 8천만 원으로 떨어질 것 같거든요. 그렇다면 3억 8천만 원으로 떨어지면 살까요? 안 삽니다. 이 사람은 3억 7천만 원까지 집값이 내려가도 가격이 더 내려갈 수도 있다는 생각에 집을 사지 못합니다. 이때 가격이 3억 8천만 원으로 오르면 이 사람은 이렇게 생각합니다. '이건 잠깐 기술적으로 반등한 것이고 다시 내려갈 거야.' 과거 최저가가 3억 7천만 원이었던 걸 기억하고, 다시 가격이 내려가기를 기다리는 겁니다. 하지만 집값은 3억 9천만 원으로 올랐다가 4억 원 이상으로 더 오릅니다. 그래서 많은 사람이 타이밍을 놓칩니다. 부동산 가격 바닥을 맞히는 건 사실상 불가능한 일인 거죠. 맞히려면 굉장한 노하우가 필요하고 운도 따라야 하기에 일반인이 할 수 있는 투자 방법은 아닙니다. 단기적으로만 보면 집을 샀는데 집값이 떨어질까 봐 공포감이 생기기 쉽습니다. 하지만 장기적으로 보면 화폐가치는 계속 떨어지고, 어차피 내가 살아야 할 곳 하나는 있어야 하니, 집 한 채 사 놓으면 가격이 오르내리는 것에 일희일비하지 않아야 합니다.

투자를 할 때 사고팔고를 자주 하는 사람이 있고, 진득하게 기다리며 길게 보고 투자하는 사람이 있습니다. 어떤 지역에 단기 호재만 있다면 샀다가 오르면 바로 팔아야 하는데, 그 지역에 계속 수요가 늘고 장기 호재가 있다면 파는 것이 오히려 손해입니다. 주식을 해본 사람이라면 공감할 것입니다. 예를 들어, 어떤 주식을 1만 원에 샀는데 2만 원까지 올라 팔았습니다. 그런데 더 올라 2만5천 원이 되면 괜히 팔았다며 후회합니다. 뉴스에 관련 내용이 나오면 더 좋아 보여 2만5천 원에 또 삽니다. 그렇게 3만 원, 4만 원으로 오르면 '중간에 잘 샀네' 하고 생각합니다. 하지만 안 팔았으면 중간에 오른 5천 원의 이익까지 더 얻을 수 있었던 겁니다.

부동산에서도 이런 경우가 많습니다. 종종 '집을 팔려고 하는데 어떻게 생각하세요?' 라면 질문을 해오는 사람들이 있습니다. 그럴 때 저는 '팔아서 뭐 하실 건가요?'라고 되묻습니다. 만약 팔아서 더 좋은 곳으로 가려고 한다면 잘 살펴보고 팔아도 괜찮다고 말씀드립니다. 하지만 '글쎄요, 일단 팔아보고요'라는 대답을 들으면, 실익이 없다는 말씀을 드립니다.

또 처음 집을 사는 사람은 비과세 양도와 호재를 적절히 고려해야 합니다. 우리나라는 1가구 1주택자에게 양도세 비과세 혜택을 줍니다. 그런데 한 채를 갖고 있다가 이사하려고 다른 한 채를 사게 되면 당일에 바로 이사할 수 없기 때문에 일시적 1가구 2주택자가 됩니다. 그래서 3년 안에만 기존 집을 팔면 양도세 비과세 혜택을 받을 수 있습니다. 이걸 잘 활용하면 두 채를 계속 갈아타면서 혜택을 받을 수 있습니다.

전세제도, 알고 시작하자

부동산 얘기를 하니, 전세 얘기를 안 할 수 없습니다. 매매는 투기

수요가 들어오는데 전세는 투기 수요가 없습니다. 그러니까 집을 두 채 이상 사려는 사람은 있어도, 전세를 두 채 이상 얻으려는 사람은 없다는 것입니다. 이 점을 항상 기억해둬야 합니다. 전세라는 제도는 사실 우리나라에만 존재합니다. 다른 나라는 월세밖에 없지요. 저금리가 지속되면서 우리나라도 전세가 없어질 거라는 예측이 있었는데, 지금도 계속 유지가 되고 있습니다. 왜 그럴까요?

옛날부터 우리나라는 대출이 발달하지 않았습니다. IMF 이전까지만 하더라도 은행에서 개인에게 돈을 빌려주는 건 굉장한 특혜였습니다. 인플레이션이 심하니까 빌린 10억을 투자해서 10억을 더 버는 게 비교적 쉬웠습니다. 그래서 수출기업 같은 곳만 빌려주고 개인한테는 빌려주지 않았지요. 그래서 사금융이 발달했습니다. 그러니까 적금 같은 것들이 변형된 게 계이고, 대출이 사금융이 된 게 바로 전세제도입니다. 그게 계속 남아 있다가 IMF 이후 기업이 망해 은행 수익이 안 나니까 그때부터 개인한테도 돈을 빌려주기 시작했습니다. 그 전까지는 개인에게 돈을 빌려주지 않으니, 전세제도를 이용할 수밖에 없었던 겁니다.

그렇다면 앞으로 전세제도는 점점 없어질 수도 있을까요? 지금 우리나라의 LTV는 70%입니다. 선진국처럼 LTV를 85~90%까지 해주고 금리를 더 낮춘다면, 전세를 안 할 수도 있습니다. 하지만 우리나라에서는 자주 대출 규제를 하기 때문에, 골치 아프게 대출하기보다는 전세제도를 활용하는 게 편합니다. 그래서 집을 사는 입장에서는 전세를 끼려고 하는 거고 세입자 입장에서는 원금 손실이 없고 월세를 낼 필요도 없으니 세입자와 집주인의 이해관계가 딱 맞아떨어지는 게 전세입니다.

전세자금대출도 간단히 알아볼까요? 정부에서 가계부채를 잡기 위해서 주택담보대출을 규제한다고 했습니다. 그런데 풍선효과로 사람들이 집을 안 사고 전세시장으로 몰려듭니다. 이들은 기본적으로 삶의 질을 포기하고 싶어 하지 않습니다.

전세자금대출을 받아 자기가 원래 살던 집, 그 정도 수준의 집에서 살려고 합니다. 정부가 주택담보대출도 규제하고 전세자금대출도 규제하면 길바닥에 나앉으라는 얘기이기 때문에 한 쪽은 풀어줍니다. 그때 전세자금대출을 풀어주는데 아이러니하게도 전세자금대출은 담보가 없는데도 90%까지 빌려줍니다. 은행에서 무담보로 빌려주는 게 아니라 정부가 보증을 해주는 것입니다. 만약에 그게 망가지면 우리 세금으로 메워야 하는 것이지요. 한편으로는 전세자금대출 때문에 시중에 돌지 말아야 될 돈이 많이 들어온 것도 있습니다. 이것 때문에 전세금이 무섭게 올라간 것이지요. 전세금이 올라가면서 집값까지 밀어 올리는데, 나중에 역전세 현상이 생겨 전세시장이 무너질 가능성도 있습니다.

한방은 없다

투자 얘기로 돌아가 볼까요? 지역 중심으로 부동산 투자를 할 때는 호재가 있는 곳에 주목해야 합니다. 문제는 이런 호재를 나만 알고 있는 게 아니라는 겁니다. 얘기가 돌고 돌아 나중에 알게 되는데 '지금 들어가도 되나? 상투 잡는 거 아니야?'라는 생각부터 듭니다. 가장 안전한 건 내가 호재를 제일 처음 아는 것입니다. 하지만 불가능한 일이지요. 그렇다면 내가 접한 호재가 이미 집값에 많이 반영이 됐는지, 아니면 적게 반영이 됐는지 판단해야 합니다. 즉, 호재가 있는 지역, 그중에서 저평가 되는 지역에 투자하는 게 좋습니다. 만약 어쩔 수 없이 특정 지역에 살아야 한다면, 호재가 없는 지역도 주거비가 싸기 때문에 실거주 지역으로는 손실이 없는 것입니다. 그리고 여유자금으로 다른 곳에 투자하면 그만입니다.

한 가지 더 말씀드리자면, 투자를 할 때는 자기가 살던 동네는 피하는 게 좋습니다. 익숙해지면 실제로 좋은 입지가 아닌데도 좋다고 느낍니다. 그러다 실제로 투자가치가 있는 곳을 놓칠 확률이 높습니다. 또 새 집을 살 것인지, 입지를 보고 살 것인지 고민을 많이 합니다. 단호하게 말씀드리면, 무조건 입지를 보고 사야 합니다. 특히 새 부동산은 철저하게 입지를 보고 투자해야 합니다. 상품가치는 일종의 화장빨입니다. 입지가 떨어질수록 사람들을 혹하게 만드는 뭔가가 있어야 해서 더 잘 꾸며놓으니까요.

투자에서 가장 지켜봐야 할 게 종목과 타이밍입니다. 투자에서 많은 수익을 내려면 싸게 사서 비싸게 팔면 됩니다. 그런데 문제는 언제가 싼 시기인지 모른다는 겁니다. 백화점에서 옷을 살 때는 바겐세일 할 때를 노리면 됩니다. 그러나 부동산은 '언제부터 언제까지 바겐세일 합니다'라고 광고하지 않습니다.

또 개인과 개인의 거래이기 때문에 싸게 파는 사람이 있어야만 싸게 살 수가 있습니다. 그래서 그 타이밍을 잘 봐야 하는데 언론이나 일부 전문가들이 경기가 오르내릴 때마다 떠들어대니 많은 이가 공포감을 갖게 됩니다. 하지만 기본적으로 한국 경제에 믿음을 가져야 합니다. 그리고 경기는 순환한다는 점도 반드시 생각해야 합니다. 나쁠 때가 있으면 좋을 때도 있습니다. 호재와 악재 때마다 휘둘리면, 투자에 성공할 수 없습니다. 제일 싸게 사서 제일 비싸게 팔겠다는 욕심만 버리면 됩니다. 1년에 10%만 올라도 은행 이자의 5~6배가 넘는 수익률입니다. 그거면 됩니다. 여기에 만족하고 다음에 또 벌면 되는 것입니다. 그렇게만 한다면 수익은 차츰 늘어날 겁니다.

마지막으로 많은 이들이 걱정하는 부분이 있습니다. 인구가 줄어드는 문제입니다. 2005년부터 2010년까지 세종시를 뺀 광역자치단체 16개 중 6군데는 이미 인구가 줄었습니다. 그리고 인구가 줄어든 지역에서도 집값이 올랐습니다. 100% 실수요인 전세가 역시 인구가 줄어든 6개 지역 모두 많이 올랐습니다. 왜 그럴까요? 집값에 영향을 미치는 요소가 굉장히 많기 때문입니다. 통화량 증가와 그로 인한 화폐가치 하락도 중요한 이유입니다. 또 집은 인구수보다는 가구수의 영향을 받습니다. 그러니까 부동산을 볼 때는 인구 문제든 뭐든 어느 하나만 보고 성급하게 판단하면 절대 안 되는 것입니다.

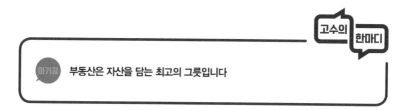

고수의 한마디

아기곰 부동산은 자산을 담는 최고의 그릇입니다

학군을 보면 부동산의 미래가 보입니다

by 월천대사

『나는 부동산으로 아이 학비 번다』 저자,
'월천 재테크' 카페 운영자

부동산과 교육을 연결하여 설명하는 월천대사입니다. 많은 이가 제 강의에서 인상 깊게 본 용어로, '욕망 아파트'를 꼽습니다. 제가 만들어 낸 말인데, 엄마들이 좋아하는 아파트의 입지를 말합니다. "자기 어디 살아?"라고 물어봤을 때, "나 분당 살아."라고 말하는 엄마가 있고, "나 수내동 살아."라고 동까지 말하는 엄마가 있고, "나 파크타운 살아."라고 아파트까지 말하는 엄마가 있습니다. 이때 부러움의 대상이 되는 것에 '욕망 단지'라는 이름을 붙였습니다. '욕망'이라는 말 속에 프리미엄이 숨어 있기 때문에, 입지를 판단하는 데 중요한 요소가 됩니다.

미래 명품 학군만 알아도 내가 살 집이 보인다

그럼 미래 명품 학군으로 탄생할 만한 지역을 살펴볼까요? 위례신도시의 경우 원래 서울시 송파구, 성남시 수정구, 하남시가 섞여 있는데, 지자체가 서로 양보하지 않아서 행정구 통합을 하지 못했습니다. 이것이 아파트를 살 때는 문제가 안 되지만, 학교를 따지면 교육청이 다 다르기에 문제가 됩니다. 신도시가 들어선 초기에는 어린아이들이 많아서 괜찮겠지만, 10년 이상 되어 자리를 잡으면 중·고등학생들이 입시를 치러야 하는데 교육청이 다르기 때문에 학군 배정에서 문제가 생깁니다. 하남시는 위례신도시나 미사 강변도시와 같은 신도시가 부각될 것입니다. 성남시는 1학군과 2학군이 있는데 2학군 분당이 학군이 좋기로 유명합니다. 위례 쪽은 성남의 구시가지와 같은 학군을 쓰게 되는 것이죠.

저도 2016년에 실거주용으로 위례에 집을 보러 간 적이 있습니다. 그때 구입은 못했지만, 그 아파트가 벌써 1억 5천 이상 올랐습니다. 당시 제가 놀랐던 건 아직 입주가 많이 남았는데도 벌써 학원가가 두 곳에 생기고 있다는 점이었습니다. 상가도 다른 신도시들과 달리 공실 없이 학원들로 꽉 차 있었습니다.

아파트를 볼 때 어느 학원이 들어와 있는지 간판만 봐도 그 동네의 수준을 알 수 있습니다. 실거주 가구가 많고 전세가 탄탄한 지역의 특징은 그 지역에 사시는 분들이 구매를 한다는 것입니다. 이 분들은 몇 년 간 심사숙고하여 아파트를 얻습니다. 조사를 해보았더니, 통학권, 학원가까지의 거리, 아파트 내부의 장점 등 여러 이유에 따라 단지별로 가격 차이가 났습니다.

그렇다면 좋은 학군을 판단하는 기준은 무엇일까요? 해마다 학교에서 국영수 성취도 평가를 보는데, 대부분 수학에서 변별력이 나옵니다. 수학이 90점 넘는 동네는 학군이 굉장히 좋은 것이라고 판단합니다. 또 해마다 서울대 입시 성적을 보고, 그 상위권 고등학교를 보낼 수 있는 중학교를 좋은 학군으로 판단합니다. 좋은 지역일수록 저학년은 학생 수가 적고 고학년은 학생 수가 많아진다는 점도 놓치지 않아야 합니다. 엄마들이 처음에는 무조건 초품아가 좋다고 생각하지만, 빠르면 아이가 3~4학년 때부터 좋은 중학교 배정을 위해 본격적으로 학군을 따지며 이사를 고려하기 때문입니다.

실거주와 투자를 동시에

투자의 관점에서 학군을 보면, 실수요 위주입니다. 학군 때문에 이사를 갈 때 살던 집이 입지와 학군은 좋지만 아파트가 낡은 경우 실거주와 투자를 동시에 하는 '몸테크'를 하는 게 좋습니다. 부모는 낡은 아파트라도 아이들 교육을 위해 참을 수 있기 때문입니다. 어느 지역은 아파트가 매우 낡았음에도 전세가율이 50%가 넘기도 합니다. 보통 재건축 아파트의 경우 전세가가 많이 내려가 투자 목적으로 사면 계속 돈이 들어가게 되는데, 학군이 센 지역은 전세가로 방어하기 때문에 좀 더 안정적으로 투자할 수 있습니다.

학군은 인프라이기 때문에 쉽게 생기고 없어지지 않습니다. 그렇지만 잠실의 '엘리트(엘스, 리센츠, 트리지움)' 지역은 재건축이 되고 새 아파트가 들어오면서 원래 없었던 대형 학원가가 생겼습니다. 이처럼 새 아파트가 들어오면 그 지역에는 반드시 작게라도 학원가가 생기게 되고, 아이 키우기 좋은 곳이 됩니다. 그런 지역을 찾으면 실거주를 하는 동안 가격이 더 오릅니다. 투자는 결국 좋은 물건을 저렴하게 사는 경우, 앞으로 좋아질 것을 선점하는 경우 두 가지가 있는데 학군에 대한 투자는 선점 투자입니다. 학군은 단기간에 형성되는 것이 아니기 때문에, 기존 프리미엄도 단기간에 생기지 않습니다. 그러니 10년 정도 바라보고 투자하는 것이 좋습니다.

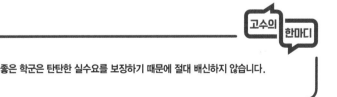

고수의 한마디

월천 대사 좋은 학군은 탄탄한 실수요를 보장하기 때문에 절대 배신하지 않습니다.

미래가치를 선점하는 지역분석의 모든 것

by 골목대장

지역분석의 대가,
'부동산에 미친 사람들의 모임' 카페 운영자

지역분석의 효과적인 방법 - 교주일인자학

지역분석은 호재와 미래가치의 선점입니다. 6가지만 외우세요. 교주일인자학. 교통환경, 주거환경, 일자리환경, 인프라환경, 자연환경, 학군환경. 어느 지역이든 이 6가지만 철저하게 분석하면 됩니다. 강남이나 송파 그리고 서초 등 비싼 지역들을 보면 이 6개 환경이 대부분 탁월합니다. 그리고 6가지 중 가장 중요한 것은 일자리환경, 두 번째로 중요한 것은 교통환경, 세 번째는 주거환경입니다.

좀 더 쉽게 말해볼까요? 교통환경은 도로와 전철입니다. 다른 지역과의 접근성을 의미하지요. 그렇기에 어떤 지역에 전철이 들어오거나 도로가 들어오기로 되어 있다면 교통환경의 미래가치가 있는 겁니다.

주거환경은 재건축이나 재개발로 좋아지는 것들입니다. 예전 옥수동과 금호동을 기억하시나요? 이곳은 빌라촌이었고, 사업성도 별로 안 나왔습니다. 그런데 개발이 되어 그곳이 모두 새 아파트로 바뀌었습니다. 옛날에는 알아주지 않았지만, 지금은 어마어마하게 비싼 동네가 되었습니다. 가재울뉴타운도 원래 오래된 빌라촌이었습니다. 노후된 지역이었고 볼품없었습니다. 그런데 새 아파트로 바뀌다 보니 주거환경이 바뀌어 비싼 지역이 됐습니다. 흑석뉴타운도 비슷합니다. 옛날에는 달동네였는데, 새 아파트로 바뀌면서 분위기가 완전히 달라졌습니다. 한 가지 명심해야 할 것은, 새 아파트로 바뀐다고 그 동네가 반드시 비싼 지역이 되는 것은 아니라는 것입니다. 다른 요소도 함께 고려해야 합니다.

빌라촌이나 단독주택, 다가구주택은 도로도 좁고 전봇대와 전기선도 많아 분위기가 좀 어수선합니다. 그런데 재개발이 되어 새 아파트가 들어서면 깨끗하게 정비가 됩니다. 도로도 넓어지고 조경 사업도 진행되고, 보안도 강화됩니다. 이런 것들이 작은 범위로 보는 주거환경입니다.

일자리환경은 주택 가격에 가장 큰 영향을 미칩니다. 그래서 강남이 비싼 거고 다른 지역 부동산을 볼 때 강남과의 접근성을 따지는 겁니다. 일자리가 많은 지역은 대부분 비쌉니다. 강남, 서초, 송파 등이 그 예입니다. 최근에는 마곡지구가 비싼 지역이 됐고, 상암과 판교, 여의도도 일자리가 많아 비쌉니다.

인프라환경은 상업시설, 문화시설, 보건시설 등 생활에 필요한 각종 편의시설을 말합니다. 병원이 들어온다거나 복지문화공간이 들어오면 삶의 질이 높아집니다. 대형마트나 백화점은 물론 전통시장도 있으면 좋습니다. 요즘 '슬리퍼 생활권'이라고 부르는 게 모두 여기에 해당합니다.

다음으로 자연환경도 중요합니다. 예를 들어 한강이 보이면 모두 비싼 지역이라고 보면 됩니다. 그리고 용산처럼 대규모 공원이 들어설 지역, 호수공원이 가까운 지역 등이 있습니다. 숲세권, 공세권이라는 신조어는 이런 트렌드를 잘 반영합니다. 학군이 좋은 곳도 비싸집니다. 평촌도 현재 학원가 근방에 비싼 아파트가 많습니다. 중계동 은행사거리 주변도 마찬가지입니다.

앞서 말했듯 일자리가 많은 지역이 비싼 동네가 많은데, 일자리에 따라 조금씩 다릅니다. 예를 들어 마곡지구에는 대기업이 많이 들어갑니다. 중소기업이 많은 가산디지털단지보다 부동산 시장에 미치는 영향이 훨씬 더 큰 이유입니다. 반면 일자리가 없는 지역인 성북구, 강북구, 중랑구, 도봉구, 노원구 5개 지역은 집값 순위가 모두 하위권입니다. 그나마 앞으로 노원구 일자리가 늘어날 건데, 기대해봐도 좋을 것 같습니다.

지역분석에서 제일 중요한 것
– 발품, 자기만의 관점

지역분석에 지름길은 없습니다. 저 역시 그냥 시간만 나면 무작정 돌아다녔습니다. 또 인터넷에 나온 뉴스라든지 개발 호재를 다 챙겨보고, 실제 현장에 가서 부동산에 들러 그 지역 설명을 듣습니다. 또 분양하는 곳 모델하우스에 가면 그 지역에 관한 설명을 해주는데 그것도 모두 듣습니다. 그리고 답사가 끝나면 들은 내용 정리를 합니다. 나만의 답사기를 쓰는 것입니다. 저는 강의에서도 수강생들에게 항상 '자신만의 노트'를 만들라고 합니다. 그래야 기억에 오래 남고 지역분석력도 생깁니다. 부동산 투자에서 가장 중요한 게 부동산을 보는 눈입니다. 저 물건이, 저 지역이 과연 더 좋아질지 판단할 수 있는 안목이 필요합니다. 그러기 위해선 발품을 많이 팔아야 합니다. 발품을 팔다 보면 나도 모르는 사이에 뭐가 좋고 나쁜지를 깨닫게 됩니다. 그게 하나둘씩 쌓이면 부동산 보는 눈이 생기는 거지요.

너무 어렵게 생각할 필요 없습니다. 그 동네를 잘 알면 투자가 쉽습니다. 모르니까 어려운 것입니다. 많은 수강생들이 '왜 이 강의를 이제 들었을까? 좋은 지역이 있었는데 왜 이제야 알았을까?' 하고 얘기하곤 합니다. 하지만 그건 내가 강의를 잘해서가 아니라, 수강생들이 지금까지 그 지역을 몰랐기 때문에 투자를 못한 것입니다.

강의를 듣고 좋은 지역이란 걸 알아도 실제도 그 지역에 가서 발품을 팔지 않으면 제대로 아는 게 아닙니다. 그러니 정보를 얻은 후 발품을 팔아 자신만의 관점으로 보는 게 중요합니다. 예를 들어 어떤 아파트가 분양을 하면 자신만의 관점으로 장단점을 설명하고, '아, 여기는 향후 2천만 원 이상 오를 것이다' 하고 예측해보는 것입니다. 투자를 하든 안 하든 상관없이 하는 것이지요. 그러고 나서 시간이 지난 후 자료를 들춰보고 제대로 봤는지 확인해 봅니다. 만약에 제대로 봤다면 당시에 자신의 관점이 정확했다는 걸 알 수 있습니다. 틀렸다면 뭐 때문에 틀렸는지 자료를 토대로 다시 한 번 확인할 수 있습니다.

저도 2005년과 2009년 그리고 2014년의 관점이 다 다릅니다. 시간이 갈수록 보는 눈이 생긴다는 걸 느낍니다. 자료를 보다 보면 틀린 부분도 많습니다. 왜 틀렸는지 분석해보면 빠진 부분이 분명히 있지요. 그걸 알고 넘어가야 3년 후, 5년 후에는 지금보다 더 나아질 것입니다. 그러니 절대 남의 말 믿고 투자하지 말아야 합니다. 저도 믿지 말고, 전문가도 믿지 말고, 언론 기사도 믿지 마세요. 특히 아는 사람 말을 조심해야 합니다. 부동산 종잣돈은 수천만 원, 어떨 땐 수억 원이므로 신중해야 합니다. 남의 말 믿고 투자했다가 잘 되면 다행이지만, 잘못되면 상대를 비난하게 됩니다. 하지만 시간이 지난 후 보면, 결국 제 얼굴에 침 뱉기라는 걸 알게 되지요.

지역분석 = 지역비교

지역분석은 결국 지역비교입니다. 많은 지역을 알게 되면, 서로 비교하면서 어디에 투자해야 할지 알게 되는 것이지요. 분양권 투자도 지역을 알면 굉장히 쉽습니다. 제가 고양시 향동 분양권을 무조건 들어가라고 했습니다. 지금 향동은 보잘것없습니다. 그런데 나중에 수색과 바로 연결됩니다. 그리고 분양가가 평당 1천250만 원대였습니다. 저는 이곳을 삼송과 비교했습니다. 왜냐면 삼송은 그때 당시 분양가가 평당 1천7백~1천8백만 원이었습니다. 그런데 일자리 접근성을 보면 서울 도심권에는 향동이 더 가깝습니다. 또 삼송보다 향동 주변에 일자리가 더 많습니다. 게다가 향동 바로 옆이 상암이고 한강만 건너면 마곡지구입니다. 딱 하나 불편한 게 전철이 없다는 건데, 마을버스만 타면 도심권으로 쉽게 갈 수 있는 접근성을 갖고 있습니다. 자연환경도 쾌적합니다. 망월산이 있고, 그 앞에 하늘공원과 평화의공원도 있습니다. 그런데 이곳 분양권이 평당 1천250만 원밖에 안 하는 겁니다. 무조건 분양 받아야지요.

또 다른 예로 한남뉴타운이 있습니다. 이곳은 고바위입니다. 용산이지만 지금 가보면 그냥 산 언저리의 빌라촌입니다. 불이 나면 어떻게 끄러 가야할지 모를 정도로 갑갑하지요. 눈이라도 오면 제설차도 못 들어가 연탄재를 뿌릴 정도입니다. 이런 한남뉴타운이 왜 앞으로 평당 5천만 원짜리로 갈 수 있는 아파트라고 이야기할까요? 바로 강 건너에 있는 흑석뉴타운과 비교해보면 알 수 있습니다.

흑석뉴타운도 달동네였습니다. 달동네였는데 개발해서 새 아파트가 생깁니다. 7구역 아크로리버하임은 지금 평당 3천만 원이지요. 현재 용산구와 동작구 집값 순위를 볼까요? 동작구는 11위이고, 용산구는 4위입니다. 집값 순위도 차이가 나고 한강을 볼 수 있는 곳도 차이가 납니다. 흑석동은 한강을 보는 세대가 없는 데 반해, 한남뉴타운은 한강을 남향으로 조망할 수 있습니다. 또 뒤에 용산공원도 있고, 향후 신분당선도 들어온다고 합니다.

동작구도 옛날에 달동네였는데 지금 가면 도로가 반듯해지고 9호선도 들어왔습니다. 이렇게 흑석동을 알면 앞으로 한남뉴타운이 어떻게 변할 것인가 예상할 수 있습니다. 한남뉴타운도 미래가 밝습니다. 그래서 지분가도 굉장이 높은 것입니다. 이렇게 비교분석하다 보면 좋은 투자처가 훨씬 더 선명하게 보일 겁니다.

 많은 지역을 알수록 좋은 입지를 판단하는 안목이 생깁니다.

시장의 심리와 사이클을 읽는 부동산 투자

by 부룡

『부동산 투자 이렇게 쉬웠어?』 저자,
'부룡의 부동산 지식 공작소' 블로그 운영자

부동산은 입지가 매우 중요합니다. 그런데 시간이 흐르면서 어느 순간부터는 사람들의 심리도 굉장히 중요해집니다. 이런 측면 때문에 보통 여자가 남자보다 투자를 잘합니다. 그 직관성이 바로 시세와 연결되는 것이죠. 같은 맥락에서 여자의 심리를 이해하면 부동산 투자를 잘하게 됩니다.

제가 2005~2006년에 부동산 투자를 하다 실패한 경우가 있었습니다. 그때 투자할 곳을 고민하고 있었는데 저희 동네 한 아주머니가 "저기가 저렇게 올랐는데, 좀 있으면 여기가 따라붙겠네."라고 말하셨습니다. 처음에는 그 말을 대수롭지 않게 생각했는데, 실제로 몇 개월 후에 따라붙는 것을 보았습니다. 이건 제 책에서도 다룬 '상승장의 투자기술' 중 '갭 메우기 투자' 방법입니다. 아무것도 아닌 것 같지만 직관적인 사람들의 심리는 그대로 시세에 반영되는 경우가 많기 때문에 굉장히 효과적인 투자 방식입니다.

'형님 먼저, 아우 먼저'와 같은 심리 현상도 잘 알아야 합니다. 예를 들어 판교 밑에 광교, 그 다음이 동탄인데 동탄이 아무리 오른다 하더라도 판교와 광교보다 오르지는 못합니다. 얼마 전 은평뉴타운과 삼송에 비슷한 현상이 있었습니다. 각종 호재로 인해 삼송이 은평뉴타운을 치고 올라갔는데, 은평뉴타운 거주자 입장에서는 서울이 아닌 동네에 밀렸다는 사실에 자존심 상했습니다. 그런 심리 때문에 은평뉴타운의 시세가 다시 올라가게 되었습니다.

저도 현재 북삼송에 살고 있습니다. 지금은 신축 아파트가 강세를 보이는 시기라서 삼송처럼 서울에 가까운 택지개발지구가 인기가 많습니다. 그런데 이미 많이 올라서 더 오를 수 있을지 궁금해 하는 분이 많습니다. 그럴 때 저는 제일 먼저 주변에 기준점이 될 만한 것을 찾습니다. 삼송 옆에는 은평뉴타운 말고도 지축이 있습니다. 지축을 분양하려는 회사는 기본적으로 은평보다 낮고, 삼송보다 높거나 비슷하게 해야 이득을 봅니다. 그러면 삼송은 지축의 분양가를 따라가게 되어 있습니다. 만약 삼송에 들어갈 거라면 은평의 시세, 지축의 분양가가 어떻게 바뀌는지를 보아야 합니다. 그래서 저는 개인적으로 더 오를 거라고 생각합니다.

기초부터 탄탄히 하는 부동산 투자

많은 분이 특정 지역을 투자할 때 그 지역의 시세차익만 생각합니다. 그런데 바로 옆 지역의 대장주가 어떻게 움직이는지 확인하고, 그에 따른 투자가치를 봐야합니다. 삼송의 경우 은평구의 조합원 아파트나 재개발 아파트의 가격대보다 강세일 것이고, 이에 따라서 지축과 삼송이 연달아 움직일 것입니다.

제 책『부동산 투자 이렇게 쉬웠어?』는 투자를 1~3단계로 나누는데, 무엇보다 1단계에서 기초를 탄탄하게 해야 합니다. 가격이 상승하는 부동산을 찾고, 시세를 정확하게 파악하고, 아파트에 성공적인 투자를 하기 위해서 어떤 것들을 봐야 하는지 알아야 합니다.

수요와 공급은 일반인 입장에서 잘 와 닿지 않는 것이 사실입니다. 제가 경제학과 출신이라 수요, 공급이 중요하다고 생각하고 관심을 많이 가졌는데 실제 투자 수요가 유입되는 곳에서 큰 수익이 나옵니다.

정부 입장에서는 수요와 공급을 함께 관리해야 합니다. 수요만 억지로 누르면 결국 오래지 않아 더 큰 반작용이 나오며 어느 한 군데가 터지게 되어 있습니다.

투자를 할 때는 공인중개사도 중요합니다. 그분들과 인간적인 관계를 쌓아야 좋은 물건을 싸게 잡을 수 있다는 점을 강조하고 싶습니다. 또 매물이 많고 영업능력이 뛰어난 중개업소를 찾아야 합니다.

뛰어난 중개업자를 찾는 건 처음부터 잘할 수는 없고, 여러 번 방문해서 애기하다 보면 알 수 있습니다. 계속 연락을 유지하면서 가끔 선물도 주고받는 것도 좋습니다.

중개사와 좋은 관계를 유지한 후, 시세차익이 큰 아파트를 찾아야합니다. 대부분 사람은 시세차익이 큰 아파트를 찾을 때 자기 동네를 간과하는 경향이 있습니다. 그런데 자기 동네 상황도 모르면서 다른 동네를 제대로 파악할 수는 없습니다. 시세차익이 큰 아파트를 찾는 과정의 시작이 내가 사는 동네의 학군, 상권 등을 잘 파악하는 것입니다. 그러면 비슷한 현상이 다른 동네에서도 그대로 나타난다는 것을 알 수 있습니다. 결국 시세차익도 패턴으로 찾게 되는 것입니다.

또 지역 커뮤니티를 전담 비서로 활용해야 합니다. 2008~2009년에는 경매가 많이 활성화되었는데, 그때 파주의 모 안과가 경매에 나온 적이 있었습니다. 저는 그럴 때 1차적으로 맘 카페를 확인합니다. 고양시에 스타필드가 들어온다는 것도 맘 카페를 통해서 처음 알았지요. 이처럼 지역의 맘 카페에서 도는 정보를 확인하면 많은 도움을 받을 수 있습니다.

투자 사이클에 주목하라

투자할 때 중요한 것은 저평가된 물건을 싸게 사는 것입니다. 과연 어떤 게 저평가 부동산일까요? 중요한 것은 살 사람이 그 가격을 어떻게 보는가입니다. 시기마다 다릅니다. 부동산 경매도 상승기와 불황기에 따라 가격 판단이 달라집니다. 상승기라면 100%가 넘는 낙찰 가격도 싼 것입니다. 앞으로 올라갈 가능성이 높다면 저평가된 것이지요.

부동산 투자를 하다가 주춤했던 시기가 있었습니다. 그런 시기에 더 치열하게 고민해야 좋은 투자법을 찾을 수 있습니다. 당시 상동을 포함한 중동신도시에 7호선이 없어서 1호선 송내역 주변 가격이 비쌌습니다. 그래서 저도 그 아파트를 사려고 했는데, 돈이 부족했지요. 그때 찾아냈던 방식이 지역신문에서 얻은 정보를 활용해서 그 지역의 발전 가능성을 보는 것입니다. 결국 이것을 활용해서 나중에 7호선이 들어온다는 걸 알았고 덕분에 좋은 결과를 얻었습니다. 많은 사람들은 지금 좋은 곳, 비싼 곳을 선택하는데 다른 방법도 있다는 것을 말씀드리고 싶습니다.

미분양에 관련된 내용도 알려드리겠습니다. 미분양 투자는 시장의 사이클과 연관되어 있습니다. 저도 상승기 후반에 미분양 투자로 실패한 적이 있습니다. 그런데 똑같은 미분양이라도 침체기에 나온 것은 정부가 언젠가는 활성화 정책을 펴게 됩니다. 침체기 마지막쯤

정부가 활성화 정책을 펼치려 할 때 미분양 투자를 하게 되면 성공 가능성이 높습니다. 보통 호재에 따른 타이밍을 맞추는 것은 굉장히 어려운 일이지만, 사이클과 정책에 따른 타이밍을 맞추는 것은 그리 어렵지 않고 성공 가능성도 높습니다.

모든 시장에는 사이클이 있는데 미분양은 상승기 때 가격이 비싼 반면 침체기 때는 가격이 싸고, 할인 분양도 합니다. 그래서 미분양 투자는 아무 때나 하는 것이 아니라 침체기 때 정부의 각종 정책이 나올 때 해야 합니다. 2012~2014년 미분양 물건을 샀던 분들이 대부분 성공을 했던 이유가 이것입니다.

사회 경기가 침체기-회복기-호황기-침체기를 반복하는 것처럼 부동산 경기도 똑같습니다. IMF 때가 대표적인 침체기였는데, 거품이 다 빠지고 바닥을 찍은 상태였으니 투자만 하면 성공했습니다. 하지만 경기가 다시 살아나고 호황이 끝으로 달려갈 때는 같은 방법으로 투자하면 실패합니다. 그런 과정을 몇 번 겪다 보니, 우리가 알고 있는 투자가 시기마다 다르다는 것을 많은 사람이 알게 됐고, 사이클에 따라 다른 방법으로 대비할 수 있게 됐습니다.

지난 2~3년간 갭 투자가 유행했는데 지금은 갭 투자가 잘 안 되는 시기입니다. 시기에 따라 투자 방법을 바꿔야 하는데 이것을 모르고 계속 갭 투자에 매달리면 크게 실패할 수 있습니다. 또 부동산이 심리를 타서 움직이게 되면 제일 먼저 A급이 오르게 되는데, 반드시 강남이나 판교 같은 지역을 생각하지 않아도 됩니다. 내가 사는 지역에서 사람들이 가장 좋아하는 곳에 들어가면 됩니다. A급과 B급의 격차가 점점 벌어지면 투자자들은 꿩 대신 닭을 찾지요. 이런 흐름이 강해지면, 갭 메우기가 시작됩니다. 호황기가 이어진다면 갭 메우기가 시작될 것이고, 예상과 다르게 침체기로 빠진다면 투자 방식을 전환하면 됩니다. 투자에는 유연성이 필요합니다. 바로바로 투자 패턴을 바꾸기가 쉽지는 않지만, 이런 시장의 매커니즘을 공부한다면 하락장에서도 수익을 거둘 수 있습니다.

마지막으로 매도에 대해 설명하겠습니다. 매도는 투자의 완성이라고 할 정도로 중요합니다. 2년 전 갭 투자를 했던 분들이 지금 매도 시기가 왔는데, 매도가 안 돼 많이 힘들어합니다. 왜 집을 못 팔았을까요? 어떻게 하면 잘 팔 수 있을까요? 가장 중요한 건 가격입니다. 사람 심리가 비슷해서 팔아서 돈이 된다고 하면 다들 팔고 싶어 합니다. 팔려는 사람들이 많으면 가격이 내려가게 되어 있습니다. 결국 수요와 공급의 문제지요. 한 가지 팁을 드리자면 '규제 정책 발표 직후 매도는 절대 금물'입니다. 이 시기에는 많은 이가 공포에 질려 있습니다. 그러니 투자자가 아닌 이상 받아줄 사람이 없습니다. 그들은 절대 비싸게 사지 않기 때문에 손해를 보게 되는 것이지요.

마지막으로 하고 싶은 말은 "욕심을 버려라, 그것이 돈을 버는 방법이다."입니다. 제가 부동산 투자를 하면서 가장 후회하는 것 중 하나가 보이지 않는 미래의 특정 시점에 최고의 수익으로 팔려고 했던 것입니다. 그 때문에 매도 타이밍을 놓쳤고, 2008년 글로벌 금융위기가 터지면서 많이 잃게 되었습니다. 언제까지 가격이 오를지 아무도 모릅니다. 그러니 적당한 시기에 차라리 수익을 확정짓고 그 돈으로 저평가된 물건을 찾는 것이 훨씬 현명한 판단입니다.

고수의 한마디

부릉 부동산 투자에는 입지만큼 시장의 심리와 사이클을 잘 읽는 것도 중요합니다.

무주택자를 위한 핵심 투자 전략

by 복부인

『나는 마트 대신 부동산에 간다』 저자,
'김유라의 선한부자 프로젝트' 블로그 운영자

어릴 적 아빠가 부동산 경매를 하신 적이 있는데, 당시 2등과 큰 차이로 낙찰을 받으셨습니다. 당시 경매 브로커가 고가 낙찰을 유도해 많이 상심하셨는데, 그 땅으로 1억이 넘는 수익을 올리셨습니다. 그래서 아빠가 저에게 "부동산은 비싸게 사는 것"이라는 명언을 남기셨습니다. 그런 과정을 보면서 부동산에 대한 감을 잡았고, 아빠의 교육을 통해 적은 돈으로도 여러 집을 살 수 있다는 점을 알게 되었지요.

또 친척들을 보니 나이가 들수록 부동산을 가진 사람이 부자가 되더군요. 젊었을 때 부동산을 사야 나이 들어서 편하다는 깨달음을 얻었습니다. 또 아버지가 IMF 때 실직하셔서 엄마가 돈을 벌기 시작했고, 그걸 보면서 아무리 대기업에 다녀도 영원히 월급을 받으며 안정적으로 살 수는 없다는 것을 배웠지요.

저는 예전에 대전에 살았고, 지금은 세종시에 살고 있습니다. 2016년 1월에 빠숑님의 정규 강의에 초대받았는데, 그날 세종시 얘기를 하셨습니다. 그때까지만 해도 세종시 투자는 상상도 하지 못했는데, 강의를 듣고 세종시 아파트를 한 채 사게 되었습니다. 당시에는 지금보다 시세도 훨씬 저렴했고, 매물도 많았지요. 30평대를 하나 샀는데, 너무 좁아서 38평을 또 구입했습니다. 사실 시세가 흔들려서 급매도 생기고, 전세가 안 나가는 상황을 각오했는데, 2017년 상반기 정치적 불확실성이 제거되면서 시세가 더욱 올랐습니다. 그래서 3억 정도에 분양받은 아파트가 5억 이상으로 올랐습니다. 많은 분들이 왜 세종시 집값이 하락하지 않고 올랐는지 궁금해 합니다. 그런데 서울에 있는 7억 원 가량의 아파트에 2억 원 프리미엄이 붙은 것과 3억 원 가량의 아파트에 2억 원 프리미엄이 붙은 것은 천지차이입니다. 70% LTV가 세종에게는 호재였던 것이죠. 또 여러 건이라도 담보대출이 나와 자금 부담을 덜 수 있었습니다.

많은 사람이 새 아파트를 원하는데, 구도심이나 지방에는 새 아파트가 없고 재개발도 많지 않습니다. 그래서 교통이 편리하고 학교, 상가, 도로 등 모든 것이 새로운 신도시가 인기입니다. 한 도시가 활성화되려면 1개 구 정도의 인구(30만~40만)가 되어야 하는데, 세종시가 지금 25만~26만 정도이니 조금만 기다리면 됩니다. 세종시는 인구가 급격하게 늘고 있어 엄마들 커뮤니티나 새로운 문화시설이 많이 생길 것입니다. 세종시는 모든 걸 국가 계획하에 하다 보니 웬만한 건 국공립이라는 특징이 있습니다. 호수공원, 국립세종도서관, 국립세종수목원, 대통령기록관 등 삶의 질을 높여주는 각종 시설도 많습니다. 이곳은 시간이 느리게 가는 도시라고 할 수 있을 정도로 여유도 많습니다. 또 다가구와 다주택이 금지되어 있어서 슬럼화 위험도 없고, 교육환경도 우수합니다. 임대 아파트도 있지만 다른 택지개발지구에 비해 비율이 높지 않습니다.

투자의 기본은 목돈 마련부터

실거주 목적이든 투자 목적이든 집을 사려면 목돈이 있어야 합니다. 지금부터 제가 했던 절약 방법을 공유하려 합니다. 옛날에는 돈을 아예 안 썼습니다. 또 이사 가는 친척 집에 찾아가서 안 쓰는 물건을 얻어오기도 했습니다. 아이들 장난감, 동화책은 부유한 동네의 아파트 분리수거 날 돌아다니면서 모았습니다.

저는 대학생 때 교환학생으로 호주를 다녀왔습니다. 김대중 정부 때 BK21이라고 IT 학과를 밀어주는 정책이 있었지요. 그런데 돈이 많이 들어서 많은 학생이 포기했습니다. 그때 저는 떼를 써서 보내 달라고 했고, 호주에서 렌트하우스에 살았습니다. 한 달에 250~3

백만 원 정도로 월세가 굉장히 비쌌습니다. 당시 집값이 3억 언저리였던 것에 비하면 엄청난 것이었지요. 그걸 보면서 이 정도 집을 사면 월세를 많이 받겠다는 점을 느꼈습니다. 또 영어 공부를 하면서 부동산 관련 용어를 사진과 함께 익혔고, 월세 수익률에 따라 매매가가 변한다는 이치를 깨달았습니다.

이런 경험 때문인지 저는 우리나라 부동산을 긍정적으로 봅니다. 호주와 비교했을 때 부동산의 흐름이 빠르기 때문입니다. 호주에는 최근에 바다 조망권이 있는 아파트가 생겨 집값이 많이 올라갔습니다. 또 호주는 현재 대출 이자가 월세보다 비싼데, 저는 이것이 거품의 신호라고 생각합니다. 그런데도 많은 사람이 집을 사려고 하니 위험해 보입니다. 반대로 우리나라는 월세가 대출 이자보다 높아서 집주인은 돈이 남습니다. 금리가 하락하여 월세 가치가 높아진 것입니다.

사실 한국은 월세 시장이 상당히 안정적인 편입니다. 미국만 해도 신용등급이 없으면 세입자로 살 수 없습니다. 그래서 신용이 좋은 사람이 렌트를 얻고, 그 사람 밑으로 들어가는 '서브리스'(Sublease, 전전세)가 유행합니다. 2008년 글로벌 금융위기가 터진 이유는 정부가 신용이 없는 사람도 집을 살 수 있게 규제를 완화했기 때문입니다. 우리나라는 신용이 없는 사람에게 대출을 거의 안 해줍니다. 이번 가계부채 대책을 보면서도 느끼지만 한국은 비교적 위기관리를 잘 하는 나라입니다. 세종이나 서울도 투기지역으로 묶음으로써 연쇄부도의 확률을 낮췄습니다. 1가구 1주택자는 대출을 30~40% 받아서 하면 큰 부담이 없습니다. 그래서 여력이 되면 집을 사는 게 좋습니다. 월세보다 대출 이자가 조금이라도 싸면 무조건 사야 합니다. 그러면 집값이 오르지 않더라도 아무 지장 없습니다. 부동산으로 항상 돈을 벌어야 한다는 접근방식보다는, 내 자산을 지키겠다는 생각을 갖고 접근하면 좋겠습니다.

그래서 저의 책 『2018 내 집 마련 가계부』에도 2년 전, 4년 전 매매가를 기록하고 추이를 보는 칸을 만들어놓았습니다. 또 내 집 마련하는 데 드는 비용과 기간을 맨 앞에 적도록 했습니다. 이렇게 계획을 하고 시작하면 허투루 쓰는 돈이 없습니다. 앞부분에는 비전보드가 있어서, 이루고 싶은 목표를 기록하면서 꿈꿀 수 있습니다.

요새 강남 재건축 같은 물건은 너무 갖고 싶지 않나요? 사실 정부에서 못 사게 하니까 더 갖고 싶은 것 같습니다. 8·2 대책 이전에는 강남에 대한 갈망이 이렇게 크지 않았습니다. 그런데 언제든지 매입할 수 있는 지역이 아니기 때문에 더 간절해진 것입니다. 이렇게 투기지역으로 전매가 금지된 곳은 돈이 있는데 당첨이 안 된 사람들을 애타게 합니다. 전매가 안 되니 실거래가에 찍히지 않는데, 그렇다고 집값이 오르지 않는 게 아닙니다. 분양은 시세보다 싸게 했기 때문에 이미 프리미엄으로 몇 억을 가지고 시작한 것입니다. 그러면 나중에 거래 됐을때 그래프에 프리미엄이 수직상승한 것으로 나옵니다. 그러면 서울 집값이 갑자기 폭등한 것처럼 착시가 일어나고,

거래량도 폭증합니다. 중요한 것은 프리미엄에 대한 세금이 50%라는 것입니다. 이 세금은 실제 집값에 다 반영된 것입니다. 그러면 다주택자는 양도소득세 중과세를 피하려고 임대사업자로 등록하거나 준공공으로 돌려버리는 경우가 생기는데 그렇게 되면 매물은 나오지 않습니다. 줄어드는 매물들 때문에 사는 사람들이 나중에 힘들어지지 않을까 예측합니다. 특히 당첨자들 중 무주택자가 많아서 더욱 그렇습니다.

인플레이션 대비 상품을 꼭 준비하라

그리고 집이 없거나 투자 준비가 안 되어 있는 분이라면 인플레이션을 대비할 수 있는 상품을 꼭 가지시길 추천합니다. 집을 사는 것이 이해가 되지 않는다면 땅이라도 사서 노후 대비를 하시길 바랍니다. 저는 노후를 대비하여 경매로 땅도 조금 샀습니다. 사실 투자로 아파트를 사는 이유는 좋은 땅을 2천~3천만 원으로 살 수 없기 때문입니다. 또 땅을 사게 되면 대출 이자를 내야 하는데, 아파트는 세입자가 내주니까 유리한 점이 많지요. 제 개인적 목표는 더 많이 소유하는 것이 아닙니다. 앞으로는 좋은 분양권이나 급매 아파트가 있어도 대출이 나오지 않아 투자자는 매수하기 힘듭니다. 그래서 '똘똘한 한 채 전략'으로 갈 수밖에 없습니다. 만약 지금 집이 없다면 발로 뛰어서 급매를 찾아야 합니다. 더 이상 주택담보대출 만기 연장이 안 됩니다. 과거에는 70% 나왔던 것이 지금은 30%도 안 되거나 심지어 0%가 될 수도 있습니다.

수능 전후 어수선한 시기를 노려도 좋습니다. 이 시기엔 집을 보러 다니는 사람이 많지 않아 싸고 좋은 물건을 급매로 구할 수 있는 가능성이 높습니다. 또 주변 시세보다 저렴한 아파트 분양권, 자녀 세대 추첨 등은 무조건 줄 서서 잡아야 합니다. 늦게 사면 살수록 중과세 부담이 커지기 때문에 빨리 사는 것이 이득입니다.

집을 팔고 나서 뭘 해야 할지 모르는 투자자들께도 조언을 드리자면, 유망한 지역의 분양권을 이럴 때 공동명의로 사서 현금으로 중도금을 밀어 넣는 전략이 좋습니다. 입지가 좋은 새 아파트는 주변 오래된 건물이 안 올라도 무조건 오르게 되어 있습니다.

 투자하려면 목돈 마련이 우선입니다. 조금이라도 아끼는 법을 찾으려는 노력이 필요합니다.

내 집 마련 지금 당장 시작하세요!
-아임해피(정지영)

"사랑하면 알게 되고, 알게 되면 보이나니 그때에 보이는 것은 전과 같지 않으리라." 어디선가 한 번쯤은 들어본 말일 것입니다. 조선시대의 문장가였던 유한준이 남긴 시 일부를 유홍준 교수가 『나의 문화유산 답사기』에서 고쳐 쓴 문장입니다. 이 문장을 부동산 관점에서 다시 써볼까요?

"부·클을 들으면 부동산을 알게 되고, 알게 되면 길을 걷다가도 문득 이 지역의 입지가치가 보이나니, 그때에 보이는 것은 전과 같지 않으리라."

실제로 매일 팟캐스트를 듣고, 주변 아파트 시세와 환경을 보다 보면 나도 모르게 보는 눈이 달라지는 걸 느낄 수 있습니다.

가족의 행복한 생활이 그려지는 입지

좋은 입지는 지금 편리하고 쾌적한 생활을 할 수 있는 곳이기도 하지만, 미래에 좋아질 환경을 갖춘 곳이기도 합니다. 너무 어렵게 분석하고 생각하지 않아도 됩니다.

자, 저와 같이 눈을 감고 떠올려 보세요. 아빠는 상쾌한 발걸음으로 30분 이내에 회사에 갑니다. 강남을 더 편리하고 빠르게 갈 수 있거나, 도보로 15분 이내에 지하철을 이용할 수 있으면 가장의 피곤한 발걸음이 조금은 가벼워질 것입니다. 가사를 전업으로 하는 엄마는 집 앞 마트에서 반찬거리를 사고 집으로 들어와 따뜻한 찌개를 끓여두고 아빠와 아이를 맞이할 것이며, 일하는 엄마는 집 앞 반찬가게에서 미더운 반찬을 포장해서 아빠와 아이를 챙길 수 있습니다. 할아버지는 무료 지하철을 이용해서 가까운 산에 마실을 다닐 수 있고, 할머니는 집 근처에 있는 좋은 사우나나 병원을 편리하게 이용할 수 있지요. 아이는 큰 길을 건너지 않고 안전하게 초등학교를 다닐 수 있으며, 마치고 바로 가까운 학원에 갑니다. 우리 아이와 친구가 노는 단지내 놀이터는 안전하고 즐거운 곳입니다. 멀리 차를 타고 나가지 않아도, 도보로 아이와 함께 자전거를 탈 공원에 갈 수 있고, 도서관도 이용할 수 있습니다.

입지를 잘 모르겠다면, 그 단지에 사는 사람들의 주말 생활을 지켜보세요. 그들과 어울려 사는 자신의 모습이 어떻습니까? 굳이 입지를 체계적으로 분석하지 않더라도 가족의 행복한 생활이 그려지는 곳은 우리 스스로 판단할 수 있습니다. 또 지금은 한두 가지 불편하지만, 다른 호재나 발전으로 몇 해 지나면 더 편리하고 쾌적해질 곳도 조금만 공부하면 쉽게 알 수 있습니다.

내 집 마련의 타이밍은 늘 지금 당장!

좋은 입지를 판단하셨습니까? 인근에 미분양이 많거나 피해야 할 지역은 아닙니까? 최근 급변하는 정부 정책으로 피해야 할 지역은 아닙니까?

피해야 할 곳이 아닌 자신의 조건에 맞는 곳, 그런 곳을 선별해야 합니다. 본인의 자산에 비해 무리하게 대출하는 것이 아닌 가족 구성원의 생활 패턴과 일자리 접근성 등 자신의 조건에 부합하는 곳을 찾았다면, 내 집 마련의 타이밍은 늘 '지금 당장!'입니다.

나에게 맞는 입지를 선별하였다면 내 집 마련을 하세요. 어차피 집은 오르게 되어 있습니다. 더 오르고 덜 오르는 차이는 있겠지만 내 집 가격이 오르면, 옆집도 오르고 뒷집도 오릅니다. 그러니 집을 사는 것이 오르는 전세금에 2년마다 이사를 다니며 허덕이는 것 보다 훨씬 낫습니다. 집 가격이 다소 비싸더라도 집을 사놓으면 전세금 걱정 없이 편안하게 잘 살다가, 집 가격이 오를 때 살고 있는 집을 징검다리 삼아 더 넓고 좋은 집으로 옮길 수도 있습니다.

평소에는 〈부동산 클라우드〉를 듣거나 『그래서 어디를 살까요』를 읽고 직접 눈과 발로 뛰어야 합니다. 그리고 내가 꿈꾸는 집의 조건이 무엇인지 스스로에게도 끊임없이 질문해보세요.

성공 확률을 높이는 지역분석과 임장

투자 지역과 타이밍에 대한 판단이 섰다면, 이제 본격적인 지역분석을 해야 합니다. 그리고 지역분석이 끝났다면 실제로 그곳에 가보는 것이 중요합니다. 이것이 바로 임장이라는 것인데, 임장을 다녀와서는 그냥 넘기지 말고 꼭 에버노트에 시세와 자신의 생각을 기록하는 것도 잊지 마세요. 그리고 부동산 투자도 중요하지만, 가장 좋은 투자는 나에게 투자하는 것입니다. 건강해야 모든 것을 지킬 수 있습니다. 항상 건강하세요. 경제적 자유와 부도 건강해야 누릴 수 있습니다.

그래서 어디를 살까요?

요즘 트렌드에 맞춰 말씀드릴게요. 역세권 소형, 새 아파트, 역세권으로 변하거나 새 아파트가 될 재건축, 재개발, 청약 등을 권합니다.

일반적으로 지하철역과의 거리가 500m일 때 초역세권, 1,000m일 때 역세권이라고 하니, 참고하세요. 그리고 강남까지 얼마나 빠르고 편리하게 갈 수 있는지에 따라 내가 살고 있는 지역의 평당가가 달라지니 강남과의 접근성도 고려하면 좋습니다. 또 내가 중요하게 생각하는 거주 조건을 챙기세요. 초등학교를 품고 있다든지, 일자리와 가깝다든지, 육아를 위해 친정과 가까워야 한다든지, 병원과 상권 이용이 편리하다든지 각자의 주거 조건은 분명히 다릅니다. 그건 본인이 가장 잘 알고 있습니다.

이 모든 걸 고려한 후에 생각나는 곳이 있나요? 〈부동산 클라우드〉를 듣다가, 『그래서 어디를 살까요』를 읽다가 조건과 부합되는 곳이 떠오른다면 바로 손으로 검색을 하고, 발로 뛰어 나가 보세요. 내 집 마련이 목적이라면, 지금 당장 이 책을 덮고 일어나셔야 합니다.

감사의 글

-서울휘(배용환)

2016년 늦은 겨울의 어느 날 밤, 빠숑님이 문득 팟캐스트 방송을 해 보면 어떻겠냐고 이야기를 꺼냈습니다. 팟캐스트는 〈나는 꼼수다〉 이후로 들어본 적도 없었기에 참으로 뜬금없다고 생각했습니다. 이게 과연 우리에게 필요한 일인지, 사람들에게 도움이 될 만한 일인지 짐작조차 되지 않았지요. 하지만 빠숑님은 재미있을 것 같다는 이유 하나로 저를 팟캐스트의 세계로 끌어들였습니다. 그렇게 우연하고 갑작스럽게 〈부동산 클라우드〉 팟캐스트는 시작되었습니다.

떨리는 목소리로 녹음한 예고방송이 2017년 2월 15일 첫 방송을 탔습니다. 처음이라 그랬는지 살짝 긴장도 했습니다. 녹음 후 나의 목소리를 들어 보며 온갖 손발이 오그라드는 묘한 경험도 하게 되었지요. 이때 방송인들은 실로 대단한 사람이라고 느끼기도 했습니다. 막상 방송을 시작하니 그래도 뚜렷한 목표 하나쯤은 있어야겠다고 생각했습니다. 그런 게 있어야 오래 할 수 있으니까요. 거창한 게 아니라 부동산에 '부' 자도 모르는 사람들, 초보 투자자에게 우리가 경험하고 느꼈던 모든 것을 편하게 전달할 수만 있다면 그것만으로 의미가 충분하다고 생각했습니다.

부동산 시장을 향한 경고음을 해석하고, 부동산 초보 투자자를 위해 우리가 하고 싶은 이야기, 알리고 싶은 이야기도 과감히 전달하며 소통하는 데 노력을 아끼지 않았습니다. 특히 초기에 했던 방송 '16화 전업 투자자를 꿈꾸는 당신에게 드리는 조언' 편은 진행하면서 울컥했던 부분이 많았습니다. 방송을 하며 우리 스스로 돌아보는 시간이라니 전혀 예상치 못한 순간이었지요. 그 16화를 계기로 〈부동산 클라우드〉에 더 많은 애정을 쏟게 되었습니다.

1화, 2화가 나가고 분양권 투자의 달인인 해안선에게 전화가 왔습니다.

"형, 완전 대박이야. 운동하다 들으니 너무 재밌어. 이거 계속하면 뭔가 큰일 내겠어!"

이렇게 주변에서 많은 분의 깜짝 놀랄 응원과 격려가 쏟아졌고 한 달도 안 되어 매회 5만의 다운로드를 돌파하더니 최근에는 회당 20만~25만 다운로드를 기록 중입니다. 작년 12월, 방송을 시작한지 1년도 안 되어 천만 다운로드를 달성하는 놀라운 경험도 했습니다.

이렇게 많은 분이 좋아하고 들을 줄은 몰랐습니다. 해외에서도 잘 듣고 있다는 이야기를 들으면 팟캐스트의 파급력이 상당하다는 데 공감하게 됩니다. 우리도 이러한 열기를 잘 느끼고 있으며 방송을 더욱 잘 만드려고 노력 중입니다.

이러한 우리의 노력과 더불어 〈부동산 클라우드〉를 빛내준 게스트들이 있어 방송이 한층 풍요로웠습니다. 이 자리를 벌어 진심으로 감사의 마음을 전합니다. 최고의 게스트, 최고의 순간들이었습니다. 첫 게스트였던 친절한 분양권 투자의 길라잡이 해안선, 학군과 부동산을 접목한 대한민국 최초의 학군 전문가 월천대사, 시장 흐름과 대한민국 부동산 시장을 가장 잘 이해하고 있는 부동산의 독보적인 존재 아기곰, 세종시를 완벽하게 분석해준 활기찬 중개사 세종김여사, 『부동산 투자 이렇게 쉬웠어?』의 저자이자 부동산 업계의 성시경 부룡, 부동산 대출의 친절한 파트너 레오, 부동산세금 절세 비밀의 대명사 투에이스, 김포 한강신도시의 미녀 중개사 헤라부동산 대표, 레알 지역분석의 끝판왕, 인간미 넘치는 골목대장 이형진, 부동산과 세계여행의 새로운 지평을 연 베짱이커플, 국내 최고 재테크 카페 주인장 붇옹산 강영훈 대표, 무주택자들에게 핵심 투자법을 제시한 다운로드 수 35만의 주인공 복부인 김유라, 새로운 트렌드를 이끄는 셰어하우스 1등 업체 우주의 열정 아이콘 이아연 부대표, 다음 최고 재테크 카페 행복재테크를 운영하는 부동산 경매의 최강자 송사무장, 대한민국 No.1 부동산 앱 직방 대표 안성우, 지식의 깊이에 놀라 숨죽이며 들은 국내 최고의 이코노미스트 홍춘욱 박사 이분들은 앞으로도 이슈에 따라 다시금 초대할 예정입니다. 더불어 계속 쟁쟁한 게스트들이 나올 예정이니 많이 기대해도 좋습니다.

빠숑님, 아임해피님과 함께 만들어가는 〈부동산 클라우드〉는 매주 새로운 역사를 써나가고 있습니다. 무한 책임감을 느끼며 수많은 청취자들에게 진심어린 감사의 마음을 전합니다. 우리가 잘 만들어서가 아니라 당신들의 격려 때문에 지금껏 방송을 잘 해올 수 있었습니다. 또 덕분에 이렇게 책으로도 독자와 만날 수 있게 되었지요. 지금까지 팟캐스트를 통해 많은 분을 만났고, 배웠고, 웃었고, 행복했습니다. 앞으로도 그 어디에서도 들을 수 없는 속 시원하면서도 친근한 〈부동산 클라우드〉가 되도록 노력을 아끼지 않겠습니다.

PD 한마디

1년이 넘는 시간 동안 좋은 방송으로 이끌어주신 빠숑, 서울휘, 아임해피 3MC에게 감사드립니다. 함께 좋은 방송을 만들 수 있어서 영광이었습니다. 그리고 방송이 책으로 출간될 수 있는 건 청취자 분들의 전폭적인 관심과 사랑, 응원 덕분입니다. 앞으로도 〈부동산 클라우드〉는 더욱 많은 분들에게 즐거움과 알찬 지식을 제공할 수 있도록 노력하겠습니다. 부·클은 진정 사랑입니다.

– 박유림(부동산 클라우드 방송PD)

알면 돈 되는 신나는 부동산 잡학사전

그래서 어디를 살까요

초판 1쇄 발행 2018년 3월 26일
초판 4쇄 발행 2018년 5월 12일

지은이 빠숑(김학렬), 서울휘(배용환), 아임해피(정지영)
펴낸이 김선식

경영총괄 김은영
책임편집 임소연 **크로스교정** 양예주 **디자인** 황정민 **책임마케터** 이주화
콘텐츠개발4팀장 윤성훈 **콘텐츠개발4팀** 황정민, 임경진, 김대한, 임소연
마케팅본부 이주화, 정명찬, 최혜령, 이고은, 김은지, 유미정, 배시영, 기명리
전략기획팀 김상윤
저작권팀 최하나, 추숙영
경영관리팀 허대우, 권송이, 윤이경, 임해랑, 김재경, 한유현
외주스태프 본문디자인 이인희 본문일러스트 김로사 지도일러스트 이승현

펴낸곳 다산북스 **출판등록** 2005년 12월 23일 제313-2005-00277호
주소 경기도 파주시 회동길 357, 3층
전화 02-702-1724(기획편집) 02-6217-1726(마케팅) 02-704-1724(경영지원)
팩스 02-703-2219 **이메일** dasanbooks@dasanbooks.com
홈페이지 www.dasanbooks.com **블로그** blog.naver.com/dasan_books
종이 (주)한솔피앤에스 **출력·인쇄** 민언프린텍 **후가공** 평창P&G **제본** 정문바인텍

ⓒ 김학렬, 배용환, 정지영, 2018

ISBN 979-11-306-1633-9 (03320)

다산북스(DASANBOOKS)는 독자 여러분의 책에 관한 아이디어와 원고 투고를 기쁜 마음으로 기다리고 있습니다.
책 출간을 원하는 아이디어가 있으신 분은 이메일 dasanbooks@dasanbooks.com 또는 다산북스 홈페이지
'투고원고'란으로 간단한 개요와 취지, 연락처 등을 보내주세요. 머뭇거리지 말고 문을 두드리세요.